__제주 다랑쉬굴 유해 발견

이 책의 출발선은 1992년 4월 1일, 제주도 동쪽 다랑쉬굴에서 11구의 유해가 발견된 그날이다. 발견된 유해는 1948년 12월 토벌대에 의해 몰살된 4·3희생자들의 것으로, 여기에는 아이와 여성도 포함되어 있었다. 이 일은 4·3의 비극적 현실을 드러내며 큰 충격을 주었고, 4·3의 참상을 전국에 알리는 한편 4·3진상규명운동의 기폭제가 됐다. 유해가 발견된 주검은 유족의 요청을 외면한 채 서둘러 화장이 되어 바다에 뿌려짐으로써 그 자체가 역사적인 사건이면서, 동시에 발굴과 유해 처리 과정이 또다른 살아 있는 4·3으로 회자되었다.

4·3,

기억의 폭풍 속으로

같은 시대를 다르게 겪은

두 사람의 삶에 관하여

4·3,
기억의 폭풍 속으로

같은 시대를 다르게 겪은

두 사람의 삶에 관하여

허호준 지음

1992년 11구의 유해가 발견된 다랑쉬굴에서 바라본 한라산과 오름.
굴속에 숨어 지내던 이들도 어쩌면 이 풍경을 보았을지 모른다.

다랑쉬오름을 숱하게 오가며 바라본 바다.
제주시 애월읍 해안도로에서 바라본 노을.

제주시 구좌읍 김녕리 들판.

주인공 두 사람 중 하나는 타의에 의해 산으로 들어갔고,
또 한 사람은 스스로 산으로 향했다.
4·3의 폭풍 속에서 처음은 달랐지만, 같은 길을 걸었다.
취재가 깊어질수록, 그들의 분노와 좌절이
두 사람의 개인적인 비극을 넘어 제주 섬 전체의 역사이자
우리 모두의 내면에 남아 있는 상처임이 어렴풋하게 다가왔다.

조천읍 북촌리 들판.

애월읍 해안도로.

다랑쉬굴 가는 길. 이 길을 걸을 때마다 입산한 이들의
심정을 떠올려보곤 한다. 다시 내려오지 못할 거라고 여긴 이들은
과연 몇이나 될까.

4·3의 수많은 이웃들이 목숨을 잃은 까닭은 무엇인가.
어떤 목적도 없이 사라진 그들의 죽음은 무엇으로 불러야 하는가.
그들의 죽음 앞에 '희생'이라는 말은 너무 가볍지 않은가. 제주4·3평화공원

기억은 책임이다. 기억은 우리가 다시 폭력의 시대를
허락하지 않기 위한 보루이다. 그것은 과거를 들춰내는 일이 아니라
불의를 외면하지 않겠다는 약속이다. 제주4·3평화공원.

기억은 책임이다. 기억은 우리가 다시 폭력의 시대를
허락하지 않기 위한 보루이다. 그것은 과거를 들춰내는 일이 아니라
불의를 외면하지 않겠다는 약속이다. 제주4·3평화공원.

"어떻게 그렇게 죽일 수 있냔 말이요. 아, 어떻게 그럴 수 있소?
그들 가운데 총에 맞아 죽은 사람은 없고, 모두 질식사했더랬소.
이 사람들은 도피자 가족이거나 납치된 사람들이요.
'소위 산사람들이 아니란 말이요!" 제주시 조천읍 조천리 들판.

그들은 검푸른 바다를 건넜다. 1947년 3·1사건 이후 검거의 광풍이
온 섬에 불어닥치자 살기 위해 제주를 떠난 이들이 있었다.
어떤 이는 일본으로 밀항하다 배가 뒤집혀 죽고, 또 어떤 이는
평생 고향으로 돌아오지 못한 채 그곳에서 생을 마감했다.

하늘에서 바라본 제주. 그때 저곳은 고립되었다.
온통 침묵에 빠져 있었다.

하늘에서 바라본 제주. 그때 저곳은 고립되었다.
온통 침묵에 빠져 있었다.

1948년 무자년 그해 겨울, 제주사람들의 마음을 얼어붙게 할 정도로
많은 눈이 내린 한라산의 모습이 이랬을까.
헐벗고 굶주린 제주사람들은 무정하게 내리는 눈이 야속하기만 했다.
그 야속한 겨울을 눈 위에서 쫓겨다녀야만 했다.

이 책을
이름없는 4·3* 희생자,
그리고
그 시대를 겪은
모든 이들에게 바친다.

*4·3

"1947년 3월 1일을 기점으로 1948년 4월 3일 발생한 소요 사태 및 1954년 9월 21일까지 제주도에서 발생한 무력 충돌과 그 진압 과정에서 주민들이 희생당한 사건."
_제주4·3사건 진상 규명 및 희생자 명예 회복에 관한 특별법

1992년 5월 15일 다랑쉬굴에 놓여 있던 유해 열한 구가 세상 밖으로 나왔다. 그러나 유해들은 곧바로 화장장으로 옮겨졌고, 한줌 재가 되었다. 진상규명 요구를 차단하고 사회적 여론 형성을 막기 위한 보이지 않는 손이 유해 처리에 개입했다. 뼛가루를 조금이라도 주면 봉분을 만들겠다는 일부 유족의 애끓는 요구도 거부됐다. 화장된 유해는 서둘러 김녕 앞바다로 옮겨졌고, 바다에 뿌려졌다. 다랑쉬굴 앞에서 장례식을 치르고 운구하기로 했으나 시간을 앞당겨버렸다. 많은 이가 현장을 놓쳤다. 나 또한 놓쳤다. 국가 공권력의 폭력적 행동이 스멀스멀 나타났다. 무참한 폭력으로 죽임을 당한 이들이 또다시 폭력에 노출됐다. 어떻게 만난 세상인데…… 폭력을 막지 못했다는 자책감은 두고두고 나를 짓눌렀다.

기억의 문을 두드리며

오랜만에 동네 조그마한 맥주집에 들렀다. 무참하고 벅찬 섬사람들의 이야기를 듣고 돌아오는 길. 습관적으로 혼자 펍을 찾는다. 내게 익숙한 펍은 주방 앞 스탠드에 앉아 혼자 조용히 생각하기에 좋은 곳이다. 오늘은 마침 손님도 없다. 얼굴을 아는 젊은 총각 사장이 웃음을 띠며 맞았다.

"가볍게 생맥주 한 잔 하고 갈게요. 늘 마시던 걸로."
"예. 조금만 기다리세요."

기분 좋게 웃는다. 가끔 퇴근길에 들르는 맥주집에는 늘 앉는 구석 자리가 있다. 맥주를 가지러 간 그의 뒷모습을 지켜본다. 성실한 젊은이다. 이 젊은 친구가 살아갈 세상을 문득 상상한다.

"오늘은 바쁘셨던 것 같습니다."

그가 인사와 함께 맥주잔을 건넨다. 시원한 잔의 촉감이 좋다. 긴 취재 생활을 마무리하는 날. 그동안 만난 이들을 하나둘 떠올렸다. 숱한 인물이 눈앞에 나타났다 사라졌다. 4·3으로 시작해 4·3으로 마무리한 듯한 지난 시간을 떠올리며 생각한다.

'나는 역사 앞에 진실했을까.'

세월은 흘렀지만 바람이 머물다 지나간 자리는 변하지 않았다. 굴 속 비명의 침묵은 여전히 말을 걸어온다. 나는 그 말을 들을 때마다 글을 쓰는 일이 얼마나 버거운지 생각한다.

기억한다는 것은 살아남은 자의 빚, 이를 전하려는 자의 간구이다. 이 글을 쓰는 동안, 나는 수없이 그해, 그들이 바라보았을 오름을 떠올렸다. 억새가 바람에 흩날리고 구름이 진홍의 노을을 머금은 오름 속에 그들의 그림자가 겹쳐졌다. 그들은 영웅도, 반역자도 아니다. 그저 인간답게 살기 위해 발버둥 쳤던 섬사람들이었다. 시대를 고뇌한 보통의 섬사람들이었다.

*

이 글은 오래된 기억의 문을 두드리는 일에서 시작됐다. 1992년 봄, 다랑쉬굴 안에서 처음 마주한 열한 구의 유해. 공포보다 더 깊은 침묵이 깃들어 있었다. 어둠보다 더 짙은 침묵이었다. 그 침묵 속에서 나는 한 시대의 갇힌 진실을 대면했다.

그곳은 내게 단순한 취재 현장이 아니었다. 기자로서, 한 인간으로서, 그 현장에서 본 것을 세상에 알려야 했다. 세상은 그 진실을 감당하지 못했다. 오랜 세월 갇혀 있던 그들의 유해는 다시 바다로 흩어졌다. 유족들은 울부짖었으나 우리 모두는 너무 쉽게 잊었다. 그날 이후 나의 글쓰기는 단순한 기록이 아니라 소명이 되었다.

섬의 어둠을 다시 꺼내 세상에 드러내는 일은 때로는 힘들고, 때로는 외로운 작업이다. 그럼에도 기록해야 했다. 비명의 침묵이 계속 말을 걸어왔다. 시간이 흘러 다시 그 현장을 마주했을 때, 나는 알았다. 4·3은 과거의 사건이 아니라 지금도 우리 안에서 계속되는 질문이라는 것을. 이 글은 그 질문을 마주한 나의 고민이다. 피해자와 유족, 그리고 침묵 속에 남겨진, 또는 이름조차 없이 묻힌 이들의 목소리를 글로 다시 불러내는 일은 기억을 새롭게 쓰는 작업이었다.

다랑쉬오름의 바람을 찾아갔다. 세월이 흘러도 다랑쉬

의 바람과 억새는 변하지 않았다. 다랑쉬오름과 아끈다랑쉬, 그리고 다랑쉬굴은 그 자리에 있다. 진홍빛 노을도 그 자리에 머문 채 번지고 있었다. 오름을 감싼 억새의 결이 바뀌지 않듯, 그 속에 깃든 질문도 여전히 그대로다.

'그들은 왜 산으로 갔는가.'
'인간의 존엄성을 말하는 것은 사치인가.'

질문은 과거를 향한 물음이 아니라 오늘 우리를 향한 물음이기도 하다.

*

글의 주인공은 채진규와 이명복 두 사람이다. 한 사람은 타의에 의해 산으로 들어갔고, 또 한 사람은 스스로 산으로 향했다. 4·3의 폭풍 속에서 처음은 달랐지만, 같은 길을 걸었다. 취재가 깊어질수록, 그들의 분노와 좌절이 두 사람의 개인적인 비극을 넘어 제주 섬 전체의 역사이자 우리 모두의 내면에 남아 있는 상처임이 어렴풋하게 다가왔다.

채진규는 납치입산자였다. 1948년 11월 산부대가 마을을 습격했다. 마을의 청장년들과 함께 그도 붙잡혔다. 산사람들은 같이 산에 오를 것을 강요했다. 그렇게 그는 납치입산자가 되었다. 군·경이나 서청은 그를 '납치'라는 두 글자를 지운 '입산자'로 바라봤고, 그는 '도피자'가 되었다. 세월이 흘러 1992년 다랑쉬굴 유해가 발견된 뒤 당시 유해를 수습했다고 나타난 인물, 그가 채진규다.

이명복은 단독선거로 인한 민족의 분단, 경찰의 폭력과 서청의 만행을 더는 두고 볼 수 없어 스스로 산에 올랐다. 그의 분노는 한 개인의 감정이 아니었다. 그 시대의 당위였으며, 억압에 대한 분노이자 정의를 구하는 절규였다. 불 타는 열정으로 꿈에 그리던 세상을 기대했으나 날이 갈수록 색깔이 바래졌다. 그는 밀항선을 타고 일본으로 떠났다. 그곳에서 생을 마감했다.

그들에게 산은 피신의 장소이자 투쟁의 장소였으며, 죽음의 장소였다. 한라산만이 아니었다. 토벌대의 발길이 덜했던 중산간 지역의 오름들, 수풀 우거진 밀림 같은 곶자왈도 그들에게는 산이었다. 채진규와 이명복은 숱하게 삶과 죽음을 오갔다. 서로 다른 이유로 산에 올랐으나 나중에는 같은 불길로 타올랐다. 그리고 그 불길로 그들의 운명은 달라졌다. 채진규는 평생 트라우마에 시달리며 살았다. 이명복은 섬을 떠난 뒤 두 번 다시 찾지 않았다.

이 두 사람은 서로 다른 이유로 산에 올랐다가 산에서 만났다. 이 글은 또 두 사람의 증언과 자료를 통해 항쟁 주체세력이 남아 있지 않아 실체가 거의 드러나지 않은 산부대의 조직과 활동, 피난민들의 생활을 어렴풋하게나마 담고 있다.

*

2024년 12월 3일 밤, 무심코 튼 텔레비전에서는 상기된 표정의 대통령이 불법 계엄령을 선포하고 있었다. 머릿속이 번쩍했다. 심장이 요동쳤다. 내가 잘못 들었나? 4·3의 어둠이 곧바로 떠올랐다. 중국의 난징대학살 기념관에 있는 오래된 경구를 생각했다.

'전사불망 후사지사'前事不忘 後事之師

과거의 일을 잊지 말고 훗날의 교훈으로 삼는다는 뜻이다. 뒤이어 채진규와 이명복 두 사람이 떠올랐다. 억눌린 시대로 언제든지 회귀할 수 있다는 경고처럼 그들의 그림자가 내 마음을 스쳤다.

평시 계엄은 국가의 이름으로 시민들의 입과 행동을 틀어막는 폭력이자, 법의 이름으로 불법을 자행하는 제도적 폭력이다. 그 단어를 다시 입에 올린다는 것은 우리 사회가 아직도 4·3의 교훈을 얻지 못하고 있다는 증거이다. 국가가 시민 위에 군림할 때 민주주의는 언제든지 과거의 그림자 속으로 빨려 들어갈 수 있다. 민주주의는 형식만으로 충분하지 않다. 민주주의가 바로 서려면 기억을 통해 타인의 고통을 끌어안는 용기가 필요하다. 4·3의 기억은 과거가 아니라 지금 이 시대를 지키기 위한 증언으로 남아야 한다. 폭력의 시대를 살아낸 사람들의 이야기를 취재하고, 기록하고, 기억하는 일은 오늘도 여전히 유효하다.

4·3은 대의명분이나 수많은 죽음의 서사로만 기억해서는 안 된다. 4·3은 인간의 존엄이 짓밟힌 자리에서 인간다움을 회복하려는 처절한 이야기다. 미군정이, 국가가 섬사람들에게 붉은 낙인을 찍는 순간, 진실은 깊은 어둠 속으로 밀려났고, 그 자리에는 폭력이 대신했다.

채진규와 이명복의 삶은 시대의 증언이자 이 섬의 기억이다. 나는 그들의 침묵을 따라 걸었다. 그들의 발자국을 더듬고, 그들이 남긴 흔적을 하나라도 더 붙잡는 것, 그것이 내가 기억하는 방식이었다.

이 글을 통해 침묵하는 4·3이 품고 있을 어둠의 한쪽 끝이라도 비추고 싶었다. 그날의 진실이 왜곡되지 않도록, 이 섬이 겪은 고통이 또 다른 왜곡과 침묵으로 이어지지 않도록 말이다. 이를 위해 피해자와 유족의 목소리를 있는 그대로 담으려고 했고, 그들이 잃어버린 것과 그 뒤에 숨은 기억들을 담아내려 노력했다.

억새를 스치는 바람, 불빛 하나 없이 숨 죽였던 날들. 여전히 부를 수 없는 이들의 숨결, 그리고 이름 없는 목소리들. 그들이 우리에게 묻는다.

"당신은 기억하고 있는가."

기억은 책임이다. 기억은 우리가 다시 폭력의 시대를 허락하지 않기 위한 보루이다. 그것은 과거를 들춰내는 일이 아니라 불의를 외면하지 않겠다는 약속이다.

그들의 기억을 날 것으로 담아내려 했다. 그것을 통해 지금은 흙이 되어버린 이름 없는 목소리들을 조용히 다시 불러내고 싶었다. 완전함은 없으나 진실을 향한 노력만은 놓치지 않으려 했다.

채진규와 이명복 두 사람의 삶은 이 섬의 역사와 맞닿아 있다. 산의 바람이 불고 억새가 흔들릴 때마다 나는 여전히 이들의 목소리들을 듣는다.

*

어느 날, 아이와 함께 다랑쉬굴을 찾았다. 그리고 선흘곶 자왈을 걸었다. 아이가 쓰러지기라도 할까봐 수풀과 수풀 사이를 걷는 내내 아이의 손을 잡았다. 아이도 내 손을 꼭 잡았다.

돌담 위로 억새가 흔들렸다. 바람이 지나가자 수풀이 소리를 냈다. 동박새의 울음소리가 빛 속으로 날아갔다. 그날의 바람은 유난히 따뜻했다. 기억의 바람이 오름의 억새를 흔들어 깨우는 듯했다. 다랑쉬의 바람이, 그리고 이 땅의 진실이 우리 안에서 다시 깨어나기를 나는 원한다.

우리 아이들이 살아갈 세상은 평화롭기를, 정의가 물결처럼 흐르고 사람이 사람을 억압하지 않는 따뜻한 세상에 살기를, 4·3의 기억이 우리 아이들의 세상으로 흐르기를, 그 세상이 정의와 평화, 포용과 관용의 물결로 뒤덮이기를.

2026년 봄의 문턱에서
허호준

차례

* 일러두기

1. 이 책은 2025년 제주4·3평화재단에서 주관하는 제13회 제주4·3평화 문학상 논픽션 부문 선정작 「폭풍 속으로」를 보완하여 펴낸 것이다.

2. 책에 등장하는 주요 인명은 공적 인물이 아닌 경우 가명을 사용했다.

3. 행정 구역의 명칭과 기관명, 용어 등은 시대적 배경을 살리기 위해 당시 쓰던 대로 표기했다.

4. 제주어 가운데 뜻풀이가 필요한 경우 괄호에 표준어를 넣기도 했으나, 직접 인용문·대화체 안의 제주어는 별도 설명을 굳이 달지 않았다.

5. 표지 사진은 물론 책 앞의 컬러 화보에 수록한 모든 사진은 저자가 직접 촬영한 것이다.

얼어붙은
노을

'공개하면 안 되는 거였어. 아무리 생각해도 때가 아니었어. 몇 년만 더 기다려서 민주정부가 들어서고 사회 분위기가 어느 정도 형성됐을 때 공개했으면 그렇게 처리하지는 않았을 거야. 희생자들에게 안식을 주지 못하고 그렇게 처리하는 것을 막지 못한 것은 우리 책임이야. 우리가 너무 섣불렀어.'

'아니야. 공개하지 않았으면 어쩌려고! 조금이라도 빨리 세상 밖으로 나올 수 있도록 해야지 무슨 소리야. 그 긴 세월을 굴속에서 얼마나 허우적거렸는데, 얼마나. 민주정부가 언제 들어설지도 몰랐잖아. 억울한 영혼들을 생

각하면 하루라도 빨리 공개하는 게 옳았어.'

달리던 차들이 서서히 줄어들고 있었다. 풀벌레 소리가 요란하게 고요를 깨뜨리는 길가에 차를 세워둔 채 물끄러미 다랑쉬오름을 바라보았다. 무엇이 옳은 선택이었을까. 여러 생각이 꼬리를 물고 저녁 한기 속으로 빨려들었다. 옷깃을 여미고 두 손을 바지 주머니에 찔러넣은 채 한참이나 시동을 켠 차에 기대어 섰다. 겨울빛을 받은 다랑쉬오름 옆 아끈다랑쉬 는 세어버린 머리카락만큼이나 회색빛으로 물들어 있었다. 북쪽에서 불어온 바람이 빛바랜 억새를 흔들어놓는다.

서쪽 하늘이 진홍빛으로 번진다. 유리처럼 차갑고, 봄날 처럼 따뜻한 노을이 일렁인다. 얼어버린 진홍의 노을. 그것은 세상이 어둠으로 묻히기 전 장엄한 최후인 듯도 하고, 새벽을 맞기 위한 찬란한 환희의 전조 같기도 했다.

차에서는 운전할 때면 가끔 듣는 방탄소년단의 「스틸 위 드 유」Still With You가 흘러나온다. 아이와 함께 듣던 노래, 아이 가 좋아하고, 아이를 통해 알게 된 노래. 우리는 그 노래의 가 사를 좋아했다.

아, 그래. 노을의 바다야. 순간, 나는 그 노랫말처럼 얼어 버린 노을 아래 멈춰 섰다. 다랑쉬오름 너머 깔린 노을은 파스 텔톤 옅은 붉은 색조를 유리로 코팅해버린 듯이 얼어 있었다.

온 산이 붉은 표정이다. 솜털 같은 잿빛 구름이 진홍의 노을을
머금었다. 수많은 영혼이 저 노을 속에서 쳐다보는 것만 같았
다. 노을 속의 그들은 좀처럼 형체를 알 수 없는, 모였다 흐트
러지고 다시 모이는 구름처럼 시시각각으로 변하고 있었다.

처음 들었을 때 이 노래는 나를 얼마나 전율케 했나. 금
속성 음색의 애달픈 듯한 목소리, 내 심정을 닮은 노랫말. 다
랑쉬의 옅은 목소리들이 한 번만 더 이름을 불러달라며 스친
다. 그것은 내가 처한 상황과, 다랑쉬의 일들을 떠올리게 했
다. 그것은 나의 지난 날을 되감기하는 거였다.

'서른 초반일 때였잖아. 좋은 기사만 쓸 수 있다면 며칠
밤 새는 것쯤은 당연하다고 여겼지.'

피식, 웃음이 나왔다. 좁은 농로를 따라 걸으며 그때를
떠올렸다. 주변은 풀벌레 소리와 바람 소리만이 함께했다. 그
날 이후 숱한 삶과 죽음의 서사를 만났다. 삶은 우연과 우연
의 연속이다. 우연이었을까, 그 유해들을 만난 것은.
언덕진 농로에서 동쪽으로 눈을 돌렸다. 바다 건너 우도
가 앞에 나타나고, 바로 앞에 검은 그림자처럼 우뚝 선 성산
일출봉과 말미오름, 지미봉이 한꺼번에 눈에 들어왔다. 지미
봉 아래 종달리의 불빛들이 희미하게 하나둘 흔들거렸다.

*

채 선생을 찾아간 때는 2012년 2월이다. 성산포 터진목에서 일어난 학살사건을 취재하기 위해 수산리와 신양리 유족을 만나고, 현장을 취재한 뒤 돌아가던 길이었다. 성산포 갑문을 지나 해안도로를 따라 오조리 쪽으로 방향을 틀었다. 이 해안도로 운전은 상쾌하다. 코발트빛 바다와 우도, 지미봉이 한폭의 그림처럼 다가온다. 해안도로로 자전거 여행을 하는 이들이 휙휙 지난다. 배낭 멘 도보 여행자들이 삼삼오오 걷는다.

오랜만에 채 선생을 만나 안부 인사를 하고 갈 심산이었다. 아차, 바다 풍경을 보며 운전하다 종달리를 지나쳤다. 브레이크를 밟고 왔던 길을 되돌아 마을 쪽으로 방향을 틀었다. 마을 안으로 접어들어 속도를 줄이며 옛 공회당 터에 차를 세웠다. 키는 작지만 수령 200~300년은 됨직한 팽나무가 좁은 올레길 오른편에 자리 잡고 있다.

'푹 패인 옹이, 할머니의 구릿빛 가죽 같은 거친 피부를 가진 이 팽나무는 그날의 역사를 알고 있겠지.'

세상 밖으로 드러난 팽나무의 칙칙한 뿌리를 한참 바라보다 새마을복지회관을 지나 채 선생의 집을 찾았다. 가끔 채 선생 댁을 찾을 때는 늙은 팽나무와 새마을복지회관을 기준 삼았다. 늦은 오후의 마을 안길은 조용했다. 마당으로 연결된 골목길은 시멘트로 포장한 올레길이다. 마당에도 시멘트를 발라놓아 자동차 한두 대는 세울 수 있다. 들어서면서 인기척을 냈다.

"계십니까?"

그를 알게 된 것은 1992년 4월 다랑쉬굴에서 유해가 발굴된 직후였으니 20년의 세월이 흘렀다. 양미간의 깊은 주름과 그 사이의 깊은 눈매를 가진 채 선생의 말투는 정돈됐고, 절제된 힘이 느껴졌다. 담배를 피워문 모습은 깊은 우수에 젖은 듯했다. 목소리는 잠긴 듯 약간 허스키하다. 몇 번 만나 대화를 하는 동안 이방인을 경계하던 마음의 장벽이 조금씩 낮아지는 느낌이 들었다. 하지만 그의 말에는 언제나 넘지 않는 선이 존재했다. 나와 채 선생 간의 벽이기도 했고, 평생 그를 따라다닌 트라우마이기도 했다. 마음속 깊이 봉인된 비밀은 무덤까지도 갖고 갈 그였다.

"누구요?"

채 선생이 앉은 채 창문을 반쯤 열고 쳐다봤다.

"접니다. 성산포 취재하러 갔다가 시에 넘어가는 길에 잠깐 들렀습니다."
"아, 오랜만이요. 연락도 없이 어쩐 일이요. 들어오시오."

현관의 미닫이문을 열고 들어서자 마주한 짙은 고동색 마루가 번들거렸다. 왼쪽의 방문을 열고 다시 인사를 건넸다. 반갑게 웃는 얼굴로 나를 맞았다.

"잘 지내셨습니까? 요즘 어떻게 지내는지 궁금해서 지나가던 길에 들렀습니다. 건강은 좀 어떠신지요?"
"그저 그렇소. 촌 늙은이가 별일 있겠소. 늙어가니까 방안에서만 뒹굴고 있는 거지. 허허."

빈손으로 찾는 게 쑥스러워 동네 구멍가게에서 산 두유 상자를 옆으로 밀어넣었다.

"뭐 이런 것까지 사오시오, 그냥 와도 되지."

싫지 않은 내색을 하고는 살포시 웃음을 던지며 담배에

손을 댔다.

"담배라는 게 말이요, 끊으려고 해도 끊지 못하는 물건이요. 기호식품이라는 게 맞는 말이야. 허허."
"그렇습니까. 사실 옛날에도 담배를 오랫동안 피던 사람이 끊는 게 어렵다고 해서 요초妖草라고 했다고 하잖습니까."

채 선생의 말에 웃으며 화답했다. 담배를 피워물고 창문 밖을 바라보는 눈빛은 사연을 안고 있는 듯도 하고, 슬퍼 보이기도 했다. 나이가 들어도 채 선생의 맑은 눈빛은 보기만 해도 빨려들 것만 같았다.

'선생은 무슨 비밀을 간직하고 있을까.'

채 선생과 대화하다보면 은근히 그런 느낌을 받는다. 이런저런 세상 돌아가는 이야기를 하던 중 그가 전화기 옆에 있던 자그마한 약상자를 내밀었다,

"이것 보시오. 이런 것 본 적 있소? 내 젊은 날 받았던 교사 임용장이요. 그때는 이런 식으로 만들어서 줬지."

　네 겹으로 구겨지고 귀퉁이가 헤진 A4 용지 절반 크기의 조그만 종이 쪼가리. 제목도 없이 채 선생의 이름과 함께 '교원을 명함. 서기 1945년 10월 1일. 사설 종달학원 설립자 김교선'이라고 적혀 있었다. 군복무 시절인 1953년 6월 25일 받은 주민등록증 크기의 무공훈장 수여증도 같이 보여주던 그가 갑자기 물었다.

　　"빙의를 체험한 적이 있소?"

　　"예? 빙의? 귀신 들렸다는?"

　　"그래. 그 빙의 말이요."

　　"아니요. 없습니다."

　　"그럴 거야. 아직은 나이가 있으니까. 빙의라는 게 말이지, 산 사람이 죽은 사람을 대변해서 말한다는 거지. 그게 빙의야. 나도 그런 경험을 한 적이 있소. 내 경험 한 번 들어보겠소?"

　　"아주 가끔 듣기는 했지만, 진짜 그런 게 있을 리가요?"

　나는 반신반의하면서 그의 다음 말을 기다렸다. 채 선생은 잠깐 옅은 웃음을 보이다가 다시 담배를 꺼내 물고는 깊은 숨을 내뱉었다. 하얀 연기가 창문 틈새로 들어온 빛을 따라 빠져나갔다. 창문 너머 눈길을 주던 그가 천천히 이야기를 풀어내기 시작했다.

"몇 해 전이었소. 느지막이 식게칩(제사집)에 갈 생각에 담배를 물고 벽에 몸을 기대 누운 채 한가롭게 혼자 텔레비전을 보고 있었소. 재떨이에 담뱃재를 털고 다시 입으로 가져가는데 텔레비전 뉴스에 낯익은 얼굴이 등장한 거요. 나였소.

농협 표식이 달린 하얀 모자를 비뚤어지게 쓴 내 모습과 굴속에 가지런히 놓인 유해들이 보이더라고. 갑자기 머릿속이 하얘지고 식은땀이 나는 거요. 오한이 몰려와서 덜덜 떨리기까지 한단 말이요.

'내가 왜 이러지? 내가 미쳤나?'

금방이라도 숨이 넘어갈 것 같았소. 집사람은 동네 방상(친처) 식게칩에 가 있을 때였거든. 집사람한테 와달라고 전화하려는데 전화기를 찾을 수 있어야지. 찾는 데도 한참이나 걸렸소. 늘 안방 문 옆에 놔두는데도 말이오. 간신히 전화기를 붙잡고 식게칩으로 전화를 걸었지.

"여보, 빨리 집으로 와봐."

"무슨 일이우꽈? 아직 시간 안 되수게. 식게허젠 허민 시
간 좀 남아수다. 당신도 이젠 옵서."
"하던 일 그만두고 제기와게. 숨을, 숨을 쉬기가 어려워.
숨을 쉴 수가……."
"예에? 거 무슨 말이우꽈?"

집사람이 수화기 너머로 들려오는 내 말이 흐트러지는
걸 느꼈는지 이상하다고 생각한 거지. 쉰목소리 나듯하
는 내 목소리가 심하게 떨렸거든. 간간이 가쁜 호흡만이
수화기 너머로 들렸던 거요. '이 아방이 무사 영 고람신
고? 무슨 일이 있구나' 하는 직감이 집사람 머리를 스쳤
던 거요.

"아이고. 집에 강 봐사 되쿠다."

집사람은 식게칩 안방에서 조심스럽게 나와 통화하고 있
었소. 그 모습을 지켜보던 방상 어른들이 '무슨 일인고' 하
면서 빨리 가보라고 재촉했어. 집사람 안색이 갑자기 어
두워졌던 모양이야. 덜컥 겁이 날 게 아니오게. 생전 그런
말을 하지 않던 남편이 갑자기 아프다면서 식게 시작하기
도 전에 빨리 오라고 했으니 말이요. 급하게 밤길을 달려

왔어. 식게를 하려면 두어 시간은 아직 남아 있을 때였소.

'무슨 일일까?'

집사람은 오면서도 불안했는지 뛰어왔드랬소. 남편이 기자들과 함께 다랑쉬굴에 갔던 일이 떠올랐다는 거요. 마음이 다급해진 거지. 여러 가지 생각이 들었을 거 아니요.

"아이고, 이거 무슨 일이우꽈?"

가쁜 숨을 몰아쉬며 안방 문을 좌르륵하게 열고 들어서던 집사람이 화들짝 놀랄 수밖에. 식은땀을 흘리며 숨을 제대로 쉬지 못한 채 방바닥에 새우등을 하고 신음하는 나를 봤으니 말이요. 방안에 있던 수건을 찾아 부리나케 부엌에 가서 물을 적시고는 머리맡에 앉아 나를 끌어안고 얼굴을 닦으며 물었소.

"무슨 일 이서수과? 언제부터 영 햄수과?"

집사람이 겁이 났는지 말이 빨라지더구만. 누가 내 가슴을 쥐어뜯는 것 같아 말이 제대로 나오지 않았소."

채 선생의 입술은 점점 긴장하고 있었다. 채 선생은 다시 담배를 물고 타들어가는 빨간 불빛을 지긋이 바라보다 말을 이었다.

"식게칩 갈 때도 어떵 안헌 어른이 이거 무신 일이우꽈? 어디 아프우꽈?"

반쯤 눈이 풀린 나를 끌어안고 집사람이 숨이 넘어갈 듯이 다그쳤소.

"테레비를 보는데 갑자기 몸이 이상해지는 거라. 갑자기 정신이 아뜩하고 누게가 바늘로 온몸을 찌르는 것 닮아."

식은땀에 몸이 흥건히 젖은 내가 겨우 말했지만 목소리는 허공으로 흩어졌소. 젖은 수건으로 내 얼굴을 계속해서 쓸어내던 집사람이 조바심을 냈지.

"잘 고라봅서게."
"테레비 뉴스를 보는디 다랑쉬굴이 나오고, 나가 설명하는 장면이 나오는 거야. 굴속에 이신 유해들도 나오고 말이야. 경헌디 그걸 본 다음에 갑자기 정신이 아뜩해진거라."

집사람이 내 말을 듣더니 무언가 짚이는 게 있었던 것 같아. 부엌에서 소주를 찾더니만 소주병을 들고 마당으로 나가 서성이며 두 손을 모아 빌기 시작했소.

"아이고, 삼춘님들. 이제랑 원을 푸십서. 오래도록 그 캄캄한 곳에 있젠 허난 얼마나 힘들어실지 무사 모릅니까. 삼춘님들이 겪은 고통 세상천지가 압니다. 생각만 해도 힘든 날들, 삼춘님들은 잘도 견뎌수다. 경해도 우리 아방이 삼춘님들을 가슴에 묻었다가 세상에 알려수다. 아무신디도 말 못하고 혼자 그 세월을 마음속에 담앙 살아오당 세상에 알려수다. 아방 덕분에 세상사람들이 삼춘님네 억울한 사연 알게 되수다. 이젠 억울함이랑 내려놓고 편안하게 쉬십서. 너무 칭원해 허지 맙서. 칭원해 허지 랑 편안하게 돌아가십서. 삼춘님들……."

집사람이 손에 들고 있던 소주를 마당에 뿌리면서 연신 고개를 조아리며 빌었소. 20~30분쯤 지났을까. 조금씩 안정을 되찾아갔소.

"이제 정신이 들엄수과?"
"아아. 좀 괜찮아지는 거 닮아. 아깐 곧 죽어지커란게. 휴우."

그제야 제대로 앉아서 한숨을 내쉬었소. 집사람도 같이 한숨을 내쉬었지. 조금 있다가 집사람이 말하더라고.

"이거 빙의엔 헌 거 아니우꽈? 귀신들렸던 허는 거 마씸."
"맞아. 빙의 닮아. 남들한테 이야기만 들었지 정말로 빙의라는 게 이신 모양인게."
"게메마씸. 정신 들엉 다행이우다. 아무 일 없던 식게칩이 전화해사쿠다."

채 선생의 이야기에 빨려들던 나는 정신을 차려 머리를 흔들었다. 사람이 죽어 귀양풀이를 할 때도 심방들은 죽은 사람을 대신해 말하곤 한다. 빙의憑依. 채 선생은 텔레비전을 보다가 빙의를 체험한 것이다.

"정말 그런 일이 있을 수 있습니까? 심방들이 굿할 때 신 들려서 다른 사람 목소리로 말한다고 하잖아요. 선생님 경험도 그런 게 아닙니까?"
"난 살아오면서 빙의라는 걸 처음 겪었소. 경험하지 않으면 이해하지 못할 거요. 허허."

헛웃음을 하며 자리를 고쳐 앉은 채 선생은 담배를 꺼내 물었다. 문틈 사이로 담배 연기가 밖으로 빠져나갔다. 채 선생의 눈길이 연기를 좇았다. 올레길로 사람들이 두런거리며 지나가는 소리가 들렸다. 이야기를 나누다보니 해가 떨어지고 있었다. 일어설 시간이다. 더 늦어질 것 같아 일어서며 말했다.

"시간이 꽤 지났습니다. 이제 그만 가봐야 할 것 같습니다. 오늘 좋은 말씀 잘 들었습니다. 다음에 또 들르겠습니다."

"어이쿠. 벌써 시간이 이렇게 됐나. 식사라도 하고 가지."

"아닙니다. 시에 가서 할 일이 있어서요. 건강하십시요. 또 찾아뵙겠습니다."

"그래. 오랜만에 헛소리만 한 것 같소. 갈 길이 먼데 조심해서 가시요."

주섬주섬 일어나 인사를 하고 나섰다. 마루까지 나온 채 선생은 오른손을 벽에 기댄 채 마당을 나서는 나의 뒷모습을 바라보고 있었다. 뒤돌아보던 나는 거듭 고개를 숙였다.

'그때의 경험이 기억 속에 얼마나 깊이 각인됐으면 빙의란 것을 체험할까. 이제는 잊을 법도 할 정도로 시간이 흘

렀는데……’

다시 해안도로를 따라 차를 몰았다. 그 영혼들은 채 선생에게 무엇을 말하려 했을까. 정말 영혼이라는 게 있는걸까. 제주시로 넘어오는 내내 채 선생의 말에 붙잡혀 있었다. 자동차 불빛이 하나둘 켜지고, 야트막하게 떠 있는 검은 구름을 배경으로 고기잡이 나선 어선들의 노란 불빛이 바다를 물들이기 시작했다. 차들이 속도를 내며 내 옆을 지나간다.

*

서울의 신문사 선배로부터 전화를 받은 건 1992년 3월 말. 좀체 연락이 없던 선배가 뜬금없이 전화를 걸어왔다.

“난데 4·3연구소에서 4·3 때 학살된 유해들을 굴속에서 발견했대. 취재하기로 했으니 같이 한 번 가봐.”
“예?”
“연구소로 연락하면 알 거야.”
“아, 예. 알겠습니다.”

더 묻지 않았다. 선배는 용건만 말하고 딸깍 전화를 끊었다. 1992년 4월 1일. 나는 다랑쉬오름 쪽으로 차를 타고 가면서 여러 생각에 사로잡혔다.

'그때의 유해라는 게 사실일까. 그들은 누구이며, 왜 굴속에서 한꺼번에 몰살됐을까. 신원은 확인할 수 있을까.'

다랑쉬오름 못 미쳐 용눈이오름으로 가는 도롯가에 차를 세웠다. 사방이 녹색으로 번지려 할 때다. 신선한 바람이 불었다. 시멘트로 포장한 농로에는 농사용 트럭 몇 대가 드문드문 지날 뿐 차들은 눈에 띄지 않았다. 사방이 고요했다. 트렁크에서 운동화를 꺼내 신고 손전등과 면장갑을 꺼냈다. 미리 온 일행과 가볍게 악수를 한 뒤 바지 밑단을 하얀 양말 속으로 구겨넣고 함께 걸음을 옮겼다. 시멘트 포장 농로를 걷다가 옛 다랑쉬마을의 팽나무가 있는 곳에서 오른쪽으로 방향을 꺾었다. 좁은 농로 옆에는 밭과 밭 사이에 참대나무가 무성하게 자라 마을 터였음을 보여주고 있었다.

눈썰미가 좋아도 제대로 찾을 수 없는 길, 20분 남짓 숲속을 헤치고 나갔더니 다랑쉬굴이 나타났다. 굴은 수풀 사이 움푹 들어간 지형에 있다. 고개를 들어 사방을 둘러봤다. 황량했다. 철 지난 억새와 풀들이, 부드러운 능선의 오름들이 주위를 에워싸고 있었다. 일행의 말소리, 움직임 소리 말고는 바람소리만이 스칠 뿐이다.

과일 몇 개와 소주를 앞에 놓고 조촐한 의식이 진행되는 동안 동박새 울음소리가 헤집고 들어온다. 오름의 바람은 구릉과 돌담을 따라 내려오더니 수풀을 스치며 지나갔다. 긴장감이 몰려왔다.

이윽고 성인 한 사람이 겨우 기어들어갈 수 있는 입구를 한 명씩 들어가기 시작했다. 한 손에는 취재수첩을 쥐고 낮은 포복 자세로 좁은 입구를 향해 얼굴을 들이밀었다. 순간 오랜 세월 꾹 닫혔던 굴 안 습한 공기가 훅, 하고 다가왔다.

숨을 멈췄다. 짧은 포복 끝에 마주한 굴 안의 세계. 그곳에서 맞닥뜨린 유해들. 열 구의 유해가 가지런히 놓여 있었고, 따로 떨어져 한 구의 유해가 더 있었다. 3년 전 수습기자 시절 서울의 살인사건 현장을 취재할 때와는 느낌이 전혀 달랐다. 아무런 말을 하지 않았다. 속으로 침을 삼켰다. 일행의 말소리도 들리지 않았다. 나는 그 공간 안의 모든 것을 눈에 담으려고 애썼다.

굴 안의 물건들을 훼손하지 않으려고 조심조심 가장자리를 돌며 살폈다. 굴은 두 개로 나뉘어 있었다. 가지런히 놓인 유해 주변으로 이들이 사용한 여러 생활 도구가 널브러져 있었다. 고무신·허리띠·안경·비녀가 있었고, 밥솥·물허벅·가위·밥주걱 심지어 요강도 있었다. 일본어로 '기린'キリンの이라고 쓰인 병 조각도 보였다. 지하의 작은 공동체였다. 동행

한 의사가 유해들을 이리저리 둘러보면서 말했다.

"유해의 상태로 보아 어린 아이도 있는 것 같군요. 10대 초반이나 더 어린 아이로 보입니다."

천장에서 한 방울 한 방울 떨어지는 물방울이 굴 안 돌 틈 사이로 스며들었다. 물방울은 나의 머리 위로, 점퍼 위로 번졌다. 잠시 천장을 바라봤다. 눈물일까. 아우성일까. 조사와 취재를 끝낸 일행이 밖으로 나왔다.
다시 마주한 세상. 신선한 공기를 들이마시며 안도의 한 숨을 쉬었다. 굴 안의 이들이 미치도록 마시고 싶었을 공기, 미치도록 보고 싶었을 파란 하늘 아래서.

'얼마나 굴 밖 세상이 그리웠을까.'

파란 하늘을 본다. 일행과 다랑쉬굴 유해 발굴 의미에 대해 간단히 이야기를 나눈 뒤 제주시로 차를 몰았다. 3년차 경험 짧은 기자의 머릿속은 혼란과 압박으로 맴돌고 있었다.

'그들의 유해는 어떻게 가지런히 놓여 있었을까. 그들은 왜 지금까지 발견되지 않았을까. 도대체 그들은 누구길

래 이 굴속에 있던 걸까.'

몇 시간 전 들어갔다 나온 다랑쉬굴 유해를 떠올리며 기사를 썼다. 몇 번이나 원고지를 버리고 고쳐 써야 했다. 늦은 시간 작성한 기사를 팩스로 서울로 송고했다. 원고지에 기사를 쓰고, 팩시밀리로 송고할 때였다.

"제주4·3사건 때 군·경 토벌대에 의해 숨진 것으로 보이는 주검 11구의 유골과 유품이 한꺼번에 발견됐다. 이날 공개된 굴의 전체 길이는 30m, 입구 직경은 60㎝ 정도로 3m가량 기어들어가면 각각 3~4평과 7~8평 정도되는 2개의 타원형 공간(높이 1m 20㎝~1m 70㎝)으로 나눠져 있는데 유골 1구는 굴 안쪽에 떨어져 있으나 나머지 10구의 유골은 한데 모여 나란히 누워 있는 등 잘 보존된 상태다."

기사는 다음 날 아침 서울 시내에 배달된 조간신문에 실렸다. 이어 타사들도 석간에 보도하기 시작했다. 다랑쉬굴 유해 발견은 전국적인 관심을 불러일으켰다. 언론사들의 속보도 이어졌다.

이틀 뒤 거짓말처럼 당시 희생자들의 시신을 정리하고, 이름을 정확하게 기억하는 주민이 나타났다.

‘어떻게 이럴 수가 있지? 어떻게 지금까지 이를 기억하고
있을까?’

의문이 들었지만, 접어두고 서둘러 기사를 작성했다. 기
사의 마지막은 이렇게 정리됐다.

“무장대에 의해 납치됐다가 다랑쉬굴에서 25일 정도 살았
다는 채아무개씨는 직접 다랑쉬굴 희생자들의 주검을 정
리했다고 주장했다. 채씨는 “사건이 나던 날은 48년 12월
18일로 기억하고 있다”면서 “토벌작전이 실시된다는 정
보가 갑자기 들어와 굴에 있던 사람들에게 알리지 못해
이들이 몰사했다”고 말했다.”

다랑쉬굴 취재를 통해 우연히 알게 된 채 아무개 씨, 채
진규 선생과의 인연은 이때부터 시작됐다.

*

다랑쉬굴에 처음 들어갔던 날. 그날의 기억은 오래 지속
됐다. 열 살 아이도, 그 아이의 어머니도 있던 굴, 보복이 두려
워 피신했던 이들이 숨어 살았다. 그 안에서 솥단지를 올려놓
고 먹을 것을 준비하던 이들이다. 작고 캄캄한 공간에 모였던

사람들을 생각한다. 이들은 그곳에서 가끔은 일제 강점기 오사카에 돈 벌러 갔던 기억을, 해방 뒤에는 남의 눈치 보지 않고 떳떳하게 살아갈 꿈을, 바닷가에서 친구들과 함께 했던 바릇잡이 추억을 떠올리기도 했을 거다. 며칠만 더 지나면 평화가 찾아와 집으로 돌아가 다시 단잠을 자고 밭일을 할 수 있으리라 생각했을 그들이다. 그 기억과 추억의 끝, 그들은 시시각각 옥죄어오는 공포와 두려움에 떨었다. 발소리가 나면 숨을 죽이고, 총소리가 나면 더 깊은 어둠 속으로 들어가야 했다.

'인간에 대한 인간의 폭력의 끝은 어디일까. 그날 그 굴 안에 총을 쏘고 수류탄을 던지고 짚에 불을 붙여 집어넣은 이들은 평소처럼 환하게 웃으며 그날의 기억을 말할 수 있을까. 농담처럼, 무용담처럼 당시의 상황을 말했을까. 굴 안의 사람들이 누구인지 몰랐을까.'

무참한 폭력에 노출된 이들을 구원할 자, 세상 어디에도 없었다. 폭력을 가한 이들에게 굴 안의 사람들은 인간이 아니었다. 그들의 눈에 굴 안의 사람들은 이 세상에 존재해서는 안 되는 빨갱이였고, 폭도였다.

*

1992년 5월 15일. 다랑쉬굴에 놓여 있던 유해 열한 구가 세상 밖으로 나왔다. 그러나 유해들은 곧바로 화장장으로 옮겨졌고, 한줌 재가 되었다. 진상규명 요구를 차단하고 사회적 여론 형성을 막기 위한 보이지 않는 손이 유해 처리에 개입했다. 뼛가루를 조금이라도 주면 봉분을 만들겠다는 일부 유족의 애끓는 요구도 거부됐다. 화장된 유해는 서둘러 김녕 앞바다로 옮겨졌고, 바다에 뿌려졌다. 다랑쉬굴 앞에서 장례식을 치르고 운구하기로 했으나 시간을 앞당겨버렸다. 많은 이가 현장을 놓쳤다. 나 또한 놓쳤다.

국가 공권력의 폭력적 행동이 스멀스멀 나타났다. 무참한 폭력으로 죽임을 당한 이들이 또다시 폭력에 노출됐다. 어떻게 만난 세상인데……. 폭력을 막지 못했다는 자책감은 두고두고 나를 짓눌렀다.

*

종달리를 지날 때면 가끔 옛 소금밭으로 활용했던 길가의 쉼터에 들른다. 시멘트로 다져진 쉼터에는 종달리 소금밭을 논밭으로 일구는 데 이바지한 관리들의 공덕비와 마을 발전을 위해 기부한 이 마을 출신 재일동포들의 송덕비가 서 있고 가지 늘어진 팽나무 아래 허름한 의자가 놓여 있다. 잠시 그곳에 앉아 소금밭으로 사용했던 들판을 바라본다. 바닷가에서 불어온 바람이 팽나무 가지를 흔들어놓고, 마을 안길로 몰려간다. 평화로운 순간, 그때의 일들이 앞다퉈 나타났다가 사라진다. 그날 이후, 가끔 다랑쉬굴 안의 참상을 생각할 때면 기억을 털어내려고 고개를 젓기도 한다.

'그들은 왜 내게 다가왔을까. 그들은 무엇을 말하려고 했을까.'

다랑쉬굴이 세상에 나올 때부터 줄곧 그 생각의 테두리에서 벗어나지 못했다. 나중에야 알았다. 다랑쉬굴이, 아비규환의 참상이 이 섬 곳곳에 있다는 것을.

'다랑쉬굴을 찾을 때마다 드는 안타까움은 무엇일까. 아쉬움인가.'

그것은 어쩌면 욕심일지도 모른다. 차 한 대 다니기에도 비좁고 꼬불꼬불했던 시멘트 길은 주변의 돌담과 참대나무 숲을 잠식하며 고속도로처럼 아스콘으로 곧게 뒤덮였다. 농로라기보다는 다랑쉬오름을 찾는 이들을 위한 관광도로가 되어버렸다.

그나마 다랑쉬마을의 정취를 느끼게 했던 팽나무도, 그 팽나무 옆의 잃어버린 마을 표석도 도로 한쪽에 비켜놓았다. 오름 탐방객들의 자동차와 허하호로 시작하는 번호판을 단 렌터카들이 도로를 달린다. 다랑쉬굴을 가기 위해 숲 속에 들어서면 어느 쪽으로 가야 할지 가늠하지 못해 한참 두리번거릴 때도 있었다. 이젠 다랑쉬굴을 안내하는 표지판이 있어 찾기 쉽게 됐지만, 이전의 정취는 사라졌다.

'토벌을 피해 숨어 들어간 굴 안의 삼촌들은 눈에 띄지 않으려고 했을 텐데……. 이곳을 찾는 이들이 그때를 마음속에 담을 수 있을까. 아니야, 그건 나의 욕심이지. 세상이 변하는데 이곳이라고 변하지 않을 리가 없잖아.'

그런 생각이 들면 슬며시 헛웃음을 짓는다. 노을이 물든다. 붉다 못해 황금색으로 변해가는 노을이 점차 얼어붙는다. 사위가 잿빛으로 물들어간다.

밀려오는
잿빛 구름

다랑쉬굴 참상을 취재한 뒤 가끔 채 선생을 찾았다. 1926년생 채진규. 호적에는 다섯 살 적게 등재돼 있다. 그 시절에는 나이보다 어리게 호적에 올리는 일이 드물지 않았다. 병이나 여러 가지 이유로 유아 사망률이 높았던 시기 아이의 생존이 확실해질 때까지 출생신고를 미루는 일이 많았기 때문이다.

일곱 살 때부터 한문서당에 다닌 채 선생은 1년 정도 다니자 천자문을 줄줄이 외웠다. 일본에서 공장에 다니던 한참 위 형들은 고향에 올 때마다 아버지에게 진규를 공부시켜야 한다며 간곡하게 요청했다. 썩 내키지 않아 하던 아버지는 형들의 집요한 설득에 두 손을 들었다.

일제 강점기 마을에는 학교가 없었다. 채진규가 학교에

가려면 옆 마을 하도리의 하도심상소학교에 가야 했다. 마을에서는 하도학교라고 불렀다. 1학년 때부터 하도학교에 다녔던 친구가 있었다. 그 친구가 채진규가 편입한다는 소문을 듣고 득달같이 달려왔다.

"진규야, 너 학교 다닐거?"

"응. 무사?"

"와, 잘됐다. 같이 다니게 됐으니까. 하하."

친구는 만면에 웃음을 보였고, 그도 같이 웃었다. 채진규는 일본어로 시험을 보는데 편입할 수 있을지 은근히 걱정됐다. 그런 그의 걱정을 눈치챘는지 친구는 첫날 학교에 같이 가며 일본어로 주소나 이름, 나이를 묻는다면서 대답하는 방법을 꼬치꼬치 알려줬다.

"진규야, 학교에 가면 선생님이 처음에는 주소를 일본어로 물어. 기미 주쇼와 도코카? きみ、じゅうしょは どこか? 이렇게 물을 거야."

"그럼 뭐라고 해야 돼?"

"경허민 우리가 구좌면 종달리 사니까, 큐사멘 슈타쓰리니 슨데 이마스 きゅうさめん しゅうたつりに すんでいます 라고

허여. 또 나이도 물을 거라. 토시와 이쿠쓰카とし は いくつ
か?라고 할 거야. 그럼 올해 몇 살이다, 라고 하면 되어. 내
말 기억했당 잘 고라.”
“어. 알안.”

친구는 이름을 말하는 방법도 말해줬다. 친구와 같이 학
교에 걸어가면서 채진규는 몇 번이고 입 속으로 중얼거렸다.
같은 면 월정리 출신 김 선생 앞에서 구두시험을 치렀다.

“네가 진규냐?”
“예.”

채진규는 면접시험을 치른다는 생각에 바싹 긴장했다.
질문은 친구가 말한 대로 나왔고, 학교에 오면서 외운 대로
답변했다.

“고가쿠ごうかく!”

만면에 미소를 머금은 김 선생은 ‘합격’이라고 일본어로
큰 소리로 말하곤 그의 어깨를 가볍게 톡톡 쳤다.

"진규야, 학교 열심히 다녀야 해."

하도학교 3학년으로 편입했다. 학교에서는 일본어만 사용할 때였다.

"그 당시에는 우리 말을 쓰지 않을 때요. 조선어 독본이라고 있었는데 그게 없어진 때야. 아이우에오ぁぃぅぇぉ 그것만 배우고, 일본 글만 배울 때지. 어쩌다가 친구들끼리 조선말을 쓰게 되면 누군가 뛰어가서 칠판에 조선말을 쓴 친구 이름을 적어버려. 그러면 뒷날은 선생님이 벌금이라고 해서 일본어로 밧킨バッキン 1원을 가져오라고 해. 나도 조선말을 쓰다가 들켜서 밧킨을 낸 적도 있어."

그래도 친구들과 다니는 등굣길이 즐거웠다. 먼지가 폴폴 날리는 울퉁불퉁한 길가에 핀 빨갛고 푸른 수국도 예뻤고, 한여름 책보따리를 어깨에 둘러메고 죽 늘어선 돌담 옆으로 난 돌투성이 흙길을 뻘뻘 땀을 흘리며 걷는 것도 마냥 즐거웠다. 가끔 바닷가에서 사람들을 일본으로 실어 나르는 여객선 기미가요마루君が代丸의 뱃고동 소리도 들렸다.

강아지풀을 꺾어 친구의 목덜미를 간지럽히고, 삥이를 뽑아 먹기도 했다. 친구들과 책보따리를 길가에 아무렇게나

던져둔 채 삼동(상동나무 열매)을 따먹어 입이 시커멓게 변한 모습을 보며 푸른 하늘이 날아가도록 웃어 젖히기도 했다. 종달리에서 하도학교까지 4킬로미터가 넘는 길도 채진규와 친구들에게 먼 길이 아니었다. 학교가 일찍 끝나는 날에는 종달리 바닷가에서 친구들과 물장구를 치고 작살로 고기를 잡았다. 즐거웠던 날들이다. 채진규의 인생에서 가장 즐거운 시절 가운데 하나였을 날들이다.

신학문은 어려웠다. 3학년에 편입하는 바람에 따라가기는 더 어려웠다. 학교 수업을 따라가기 위해 부모님의 밭일을 거들지 않을 때는 방구석에 앉아 책을 폈다. 색바랜 미녕(무명) 같은 저녁 빛깔이 마을 앞바다를 거쳐 방안으로 밀려들었다. 뒷동산 폭낭(팽나무)의 흔들리는 나뭇가지의 그림자가 창호지 바른 문에 어른거렸다. 늦은 밤까지 책을 붙들고 씨름하기를 반복했다. 4학년 말이 되자 정원 80명 중에 10등 이내에 들어갈 정도가 됐고, 졸업할 때는 2~3등 안에 들었다.

일제 강점기 구좌 지역의 교육열은 높았다. 1920년대 초부터 구좌 지역은 중산간 마을에도 사숙私塾을 열어 학교에 가지 못한 아이들을 깨우쳤다. 종달리의 사숙은 일반 학교와 비교해도 손색이 없을 정도였고, 아이들만이 아니라 글을 모르는 청장년과 부녀자 들을 위한 농민 야학과 여자부가 만들어지기도 했다. 향약에 의무교육 제도를 신설해 만 8세 이상의 아동이 학교에 입학하지 않으면 벌금을 부과하고, 형편이 어려운 가정의 자녀에게는 다달이 내는 수업료를 면제할 정도였다. 그 중심에 하도학교가 있었다. 채진규가 여섯 살 무렵 조선을 떠들썩하게 했던 해녀투쟁의 산실 하도학교는 일제 강점기 이 지역 최고의 교육기관이었다.

"하도학교에 대해 아시오? 우리 선배들은 훌륭한 분들이 많았소. 우리도 그분들의 감화를 많이 받았지."
"예. 조금 알고 있습니다. 혹시 김옥련 할머니를 아십니까?"

채 선생에게 해녀투쟁의 주역 가운데 한 명이자 하도학교 출신인 김옥련 할머니 이야기를 꺼냈다.

"알다마다! 그분은 우리 선배이자 참 대단한 여성이었소."
"몇 년 전에 일부러 휴가 내서 김 할머니를 만나러 부산에 간 적이 있습니다."
"아, 그랬소? 그분이 해방 후에 이 동네 살았어. 하도에서 유명한 분이었지. 언변이 상당히 뛰어나고. 남편이 우리 선배인데 이 동네 출신이거든. 그분도 해녀투쟁 때 운동했지. 4·3사건 때 이 부근에 살면서 고생도 많이 했어. 그러다가 부산으로 거처를 옮겼지.”

*

김 할머니를 취재하러 갔던 때가 떠올랐다. 광복 50주년을 맞아 1995년 8월 15일 구좌읍에서 열린 제1회 제주해녀항일투쟁기념식에 참석했던 김 할머니의 주소를 수소문해서 부산 영도구의 집을 찾아갔었다. 해녀투쟁의 중심 인물로부터 직접 투쟁의 역사를 듣고 싶었기 때문이다. 그때만 해도 취재 이유만 있다면 어디든지 물불을 가리지 않고 뛰어들던 30대 초반의 혈기 왕성한 기자였다. 어렵게 번호를 알아내 전화를 걸고 신문사 기자라고 소개했다.

“할머니 만나 뵙고 해녀사건 이야기 듣고 싶어서 전화 드렸습니다. 지난번 제주도에서 열린 기념식에 참석하셨잖아요?”
“예.”
“여기 제주도인데 30일께 시간 되겠습니까?”
“늙은이가 시간이야 남지만 뭘 들을라캅니까?”

전화로 찾아뵙겠다고 하자 경상도 사투리와 제주도 사투리가 섞인 말투의 김 할머니는 뭐 들을 게 있겠느냐고 하면서도 싫지 않은 내색이었다. 여름휴가를 내고 녹음기와 취재 수첩을 들고 부산행 비행기에 올랐다. 주소가 적힌 수첩을 들고 봉래동 언덕길을 물어물어 걷는데 할머니가 보였다. 하얀 모시 저고리 한복을 단아하게 차려입고 좁은 골목길에서 전봇대에 손을 얹고 기다리고 있었다. 1995년 8월 30일 오후 5시께였다.

"김옥련 할머니시지예?"
"예. 오느라 고생해수다."
"아이, 더운데 왜 나오셨습니까? 들어가십서."
"누추하지만 들어옵서. 무슨 얘기 들을라꼬 여기까지 와수과."

할머니는 인터뷰 중간중간에 경상도 사투리를 써도 이해해달라며 웃었다. 객지 생활을 오래 해서 제주도 사투리를 잊어버렸다고 했다. 파마 머리 동네 아주머니가 무슨 일로 젊은 총각이 할머니를 만나고 있지, 하는 표정으로 우리 앞을 서성거리다 궁금했는지 묻는다.

“어디서 왔능교?”
“아무 일도 아니다. 제주도에서 온 기자 양반이다.”

할머니가 신경쓰지 말고 돌아가 있으라며 손짓했다. 나는 옆에서 웃었다.

“할머니 있다가 놀러가입시다.”
“알았다. 내 연락하마.”

아주머니가 돌아가자 다시 인터뷰가 이어졌다. 세 시간 남짓 해녀투쟁의 비사를 이야기하던 김 할머니의 말을 지금도 기억한다.

“그때는 이놈들 매 때릴 때 삼빡 죽어서 내 목숨 없어져도 우리 조선 독립만 된다면 그걸로 족하지, 하는 마음을 먹었어요. 감옥에서 매 맞는 거는 절대 괴로움을 안 받았어요. 일본사람들하고 싸웁던 그 시절, 그 마음, 그 열정은 그대로 내 마음에 간직하고 있어요. 그러니까 내가 죽어서 제주도에 해녀 모임이 있을 적에는 영혼으로라도 동참하겠어요.”

60여 년이 지나도 해녀투쟁 때의 열정을 고이 간직한 김 할머니. 인터뷰가 끝나갈 무렵 혹시나 하는 마음에 4·3 이야기를 꺼냈다. 그 말이 나오자 움찔했다. 성산포경찰서에 끌려가 당신이 판 구덩이 속에서 학살 직전 구사일생으로 살아났다고 했다. 먼 친척의 입산이 빌미가 됐다. 김 할머니에게 물었다.

"할머니, 할머니는 왜정 때가 더 힘들었습니까? 4·3 때가 더 힘들었습니까?"
"하이고, 4·3 때지! 내 4·3 때 죽당 살아난 사람이에요. 4·3 때를 생각하면……."

고개를 절레절레 흔들었다.

"그때 성산포에 창고가 있었어요. 조카 큰시아주방 아들이 그 사건에 가담해서 어디 가버리니까 내가 대리로 성산포에 끌려가서 수용됐다가 몇 시간만 있어도 죽을 걸 살아났어요. 그때 토벌대가 산에 토벌 갔다가 한 사람이 산부대에 총을 맞아 죽었거든요. 그래서 그 사람들이 돌아와서 분풀이로 창고 안에 있는 사람들을 그자……. 나도 그디 있다가 아침에 나오자, 오후에 그렇게 수십 명을 총으로 소제를 해버렸어요. 또 마을에 와 주둔하면 처녀들 보내라고 해가 아무것도 없는 집 처녀들만 보내서 그 고생……"

여성들의 수난을 이야기하던 김 할머니는 더이상 말을 잇지 않았다.

조선의 여느 지역과 마찬가지로 일제 강점기 종달리에서도 공출은 지긋지긋한 일이었다. 강제 공출과 노무동원, 징병을 당하는 것은 식민지 백성의 설움이었다. 면서기와 순사들은 일제의 마름이 돼 공출에 앞장섰다. 하늘보다 높은 면서기나 주재소 순사의 말을 어느 촌로가 거역할 수가 있겠는가.
보리는 물론 소나 돼지를 바쳐야 했고, 먹을 만한 건 모두 공출 대상이 됐다. 주정용으로 얇게 썰어 햇볕에 말린 절간고구마는 일정량을 주정공장에 들여야 한다며 강제 할당시켰다. 누구네 집에서 순사가 집안의 재산이나 다름없는 돼지를 공출해버리자 주민들이 그 순사에게 '돗순사'라는 별명을 지어 조롱했다. '돗'은 제주에서 돼지를 뜻한다. 그렇게라도 해야 분함과 억울함이 조금이라도 풀렸다.
갑자기 하얀 장갑을 끼고 나타난 순사가 청결이라는 이유로 부엌에 들어가 선반을 한번 스윽 문질러보고는 더러워

지면 그 집안은 곤경에 처했다.

어느 마을에서는 보리를 감춰둔 부부를 찾아내 주민들에게 본보기로 잘게 부순 소라 껍데기에 무릎을 꿇리도록 한 뒤 무릎을 짓이겨버리는 벌을 주기도 했다. '구쟁기 작살' 고문이다.

집안 좁은 방구석 선반 위에는 듣도 보도 못한 일본의 조상신 아마테라스 오미카미天照大神를 올려두고 매일 아침 머리를 조아려야 했다.

채진규의 부모도 공출 때만 되면 밤새 각지불을 켜놓고 고민에 잠긴 채 앉아 있었다. 우영팟(텃밭)의 동백나무 열매에서 짜낸 동백기름을 넣은 각지불은 다른 등잔불보다 더 밝게 너울댔다. 각지불이 빛바랜 창호지를 바른 문틈 너머로 어른거리고, 마당의 팽나무 그림자가 달빛을 받아 서성댔다. 뒷동산의 그림자가 집안으로 찾아들었다. 각지불 심지가 타들어갈수록 어둠은 깊었고 근심도 쌓여갔다. 바닷물이 집 근처까지 밀려들었다.

일제는 주민들로부터 강제로 모금한 돈으로 면 소재지마다 신사를 건립했다. 어느 날 세화리에도 신사를 짓겠다고 마을에 모금을 나왔다. 신사 건립 기금 모금을 하러 나온다는 소식을 듣게 된 채진규의 아버지는 그 사람들을 피해버렸다. 몇 시간만 피해 있으면 괜찮겠지 하는 생각에 잠시 피했다가 들어오는데 붙잡혔다.

"당신 일부러 피했지? 우리 오는 거 알고 피한 거지? 사
람 그렇게 보지 않았는데 안 되겠네. 같이 갑시다."
"아니. 아니우다. 볼 일 이성 잠깐 나갔당 와수다. 일부러
피허젠 헌 게 아니우다."
"누가 모를 줄 알고? 다 알아! 딴말 말고 따라오시오!"

채진규는 아버지가 끌려가던 때의 일을 뚜렷이 기억했
다. 세화주재소에 불려간 아버지는 쇠좆매로 마구 두들겨 맞
았다. 소나 말을 길들일 때 사용하는 쇠좆매는 이름만큼이나
꺼림칙한 고문도구였다. 채찍보다 더 질긴 쇠좆매로 몇 대 맞
으면 온몸이 쩍쩍 갈라지고 피멍이 들었다.

*

우중충하게 짙푸른 바닷물에 우도 가까이 걸린 하늘이
나직이 내려오는 시간. 투박한 잿빛 구름이 약한 빛을 던져주
는 해를 가리려 하고 있었다.

"내 어릴 적 이야기 들어보겠소?"

채 선생은 몇 번 만났을 때 어느 정도 마음의 경계심이 풀린 듯 자신의 이야기를 들려주겠다며 대뜸 그렇게 물었다.

"물론입니다. 듣고 싶습니다."

자세를 고쳐 앉은 나는 녹음기를 꺼내 채 선생 앞에 놓고, 취재수첩을 펼쳤다. 그의 이야기가 이어졌다.

"왜정 때는 일본에 공부하러 다녀오기도 했고, 해방된 뒤에는 선생도 잠깐 했었소."

채진규는 학교를 졸업하면 다른 친구들처럼 부모의 밭일을 거들어야 했다. 하지만 학교 선생님은 그의 총명함을 알아봤다. 양현대 교장이 담임이었다. 졸업할 무렵이 되자 양 교장이 어느 날 찾아와 아버지를 만났다.

"진규 아버지, 진규를 일본에 유학 보내야 합니다. 진규는 머리가 좋고 공부를 잘해서 장래성이 있는데 공부를 그만두게 하는 것은 어리석은 일입니다."
"소학교만 졸업허민 되십주. 우리 형편에 어떵 더 시킬말이우꽈?"

"일본에 친척들이 있지 예?"

"예. 내 누이가 둘 있고, 조카들도 이수다."

"게민 무사 망설염수과? 일본에 보내십서. 일본에 가민 낮엔 일하고 밤에는 공부하는 아이들이 많수다."

"경해도 집에 일헐 사람도 없고 집안 여유도 안 되고……."

"이것저것 생각허지 마랑 보내십서. 이젠 배워야 합니다. 나 말대로 허십서."

양 교장이 간곡하게 여러 차례 일본행을 권유하자, 아버지 마음이 흔들렸다. 고민 끝에 결국 아버지는 유학을 보내기로 결심했다. 어머니는 걱정부터 앞섰다.

"대판大阪에 보내민 잘 헐 건가 마씸. 허기사 요샌 너도나도 군대환 탕 감주만은."

"게메. 경해도 아이 앞날 생각허민 우리가 고생해도 보내는 게 나실 거 닮아."

"대판이엔 헌디가 말들어보민 고생은 고생대로 헌댄 허는디 양……."

"진규네 세상은 우리추룩 일만 허민 안 되어. 아이가 공부허는 거 보민 남만큼은 허는 거 닮고 총기도 있는 거 닮아. 우리보다는 나은 세상에서 살아야 할 거 아니라."

"맞는 말이우다."

부부가 뒤척거리며 잠을 이루지 못하는 사이 조그마한 초가의 문틈으로 새벽바람이 뒷동산의 빌레(너럭바위)와 수풀을 스치고 들어왔다. 하늘에는 별이 총총 떠올랐다. 각지불 특유의 냄새가 방안 가득했다.

'아이가 똑똑하니까 그래도 남들만큼은 하겠지. 우리 부모처럼 밭일만 하고 살 수는 없잖아.'

잠든 아들을 바라보며 어머니는 아이 앞날을 걱정했다.

'그래 조금이라도 할 수 있다면 대처에 가서 경험하는 것도 나쁘지 않아.'

어머니는 광목에 검은 물을 들여 아들이 입고 갈 양복을 정성스럽게 만늘었다. 볼품은 없었지만 그게 어디인가. 검게 물들인 광목 양복에는 어머니의 정성이 스며 있었다. 채진규는 처음 입어보는 광목 양복이 정말 마음에 들었다. 입꼬리가 귀에 걸렸다.

"잘 다녀오겠습니다."

큰절을 하자 아버지의 당부가 이어졌다.

"대판에 가민 정신 바짝 차려사 헌다. 거긴 벨벨 사람들
이 다 있젠 햄져. 고만이 이서도 코베어 간 덴 허난 정신
바짝 차령 공부해사 헌다. 아프지 말고. 알아시냐?"
"예. 명심허쿠다. 아버지 어머니도 건강히 지내십서. 대판
도착허민 소식 전허쿠다."

옆에 앉은 어머니는 옷고름으로 눈물을 찍었다. 채진규
의 눈에도 눈물이 핑 돌았다. 처음 집 밖을 나서는 길이다. 부
모와 친구들의 배웅을 받으며 올레를 나섰다. 자꾸 고개가 돌
아갔다. 어머니와 아버지는 올레 돌담을 짚고 그의 뒷모습이
사라질 때까지 눈길을 떼지 않았다.

기미가요마루. 친구들과 종달리 해안가에서 청대를 가
지고 낚시하러 갈 때면 자주 봤던 배였다. 친구들의 형과 누
나도, 부모도 저마다 사연을 안고 기미가요마루에 몸을 실을
때였다. 우리 말로 군대환이라는 이름이 더 익숙했다. 길이
62.7미터, 너비 10.6미터에 919톤. 거대한 배였다. 군대환이 제

주와 오사카를 오간 이후 제주사람들은 뭐든지 큰 걸 보면 군대환 같다고 했다. 채진규의 형과 친척 들도 그 배를 타고 오사카로 떠났다.

배 안에는 일본으로 가는 제주도 사람들로 가득했다. 저마다 끼리끼리 둘러앉아 이야기하고 있었다. 어떤 이는 허름한 광목 치마저고리에 아기를 업고 보따리를 안은 채 선실 한 구석에 쪼그려 앉아 있었고, 어떤 이는 양복을 빼입고 왔다갔다 했다. 선실 벽에 기댄 채 뒤로 돌아앉아 테왁 옆에서 가슴을 드러내 어린아이에게 젖을 먹이는 잠녀도 있었다.

처음 가는 일본 길은 고행이었다. 흔들리는 배의 엔진소리와 기름 냄새, 무엇인가 모를 퀴퀴한 냄새가 뒤섞여 그의 마음을 헤집어놓고 있었다. 멀미기가 올라왔다.

갑판으로 나왔다. 여기저기 사람들이 모여 왁자지껄 떠들고 있었다. 남미의 황금이 넘쳐나는 전설의 땅 엘도라도El Dorado를 찾아가는 듯 들뜬 마음으로 얼굴 가득 웃음 띤 이들. 축항에 환송 나온 부모 형제를 찾아 손을 흔들며 눈물을 흘리는 이들. 고향을 떠난다는 게 실감이 났다. 제주섬이 멀어질수록 배는 더 흔들렸다. 말소리도 잦아들었다.

일본 제국의 확장은 산업구조의 변화를 가져왔다. 수출품이 생사에서 견직물로 바뀌고, 수입품도 면화·양모·생고

무·펄프로 바뀌었다. 면공장·고무공장·유리공장은 조선인, 특히 제주사람들의 생계 터전이 됐다. 먼저 가서 고생하며 자리를 잡은 형제자매, 친인척, 동향의 삼촌 들이 불러들이고, 끌어주었다.

동양의 맨체스터로 불린 오사카는 제주사람들에게 엘도라도였다. 그러나 돈 벌러 떠난 오사카에서의 생활은 녹록지 않았다. 형제자매나 친지가 있어도 객지는 객지였다. 땅 설고, 물 설고, 말도 설었다. 낯선 땅에서의 삶을 살아가는 이방인일 수밖에 없었다. 엘도라도를 찾았다가 영영 돌아오지 못한 이들도 있었다. 일본인들의 차별대우 속에 노동력은 값쌌고, 노동환경은 열악했다. 1934년 12월 23일자 『동아일보』가 "16만이라는 다수의 조선인이 살고 있는 대판 조선인의 생활 정도는 극히 처참한 상태에 빠져 있다"고 보도할 정도였다.

'무정한 군대환은 무사 날 태워 왕 이추룩 고생만 시켬신고. 청천 하늘엔 별도 많지만 내 몸 위에는 고생만 많구나. 이 몸은 이추룩 불쌍허게 일본 어느 구석에 데껴지고. 귀신은 이신건가, 어신건가. 날 살리젠 올건가 말건가.'

제주사람들은 낯선 땅에서 고향 생각이 나면 이런 노래를 부르며 부모와 형제자매를 떠올렸다. 그들은 오사카 이카이노猪飼野의 좁은 다다미방에 종종 둘러앉아 일본인들은 먹지도 않는 돼지 곱창을 얻어다 안주 삼아 쓴 소주를 삼켰다. 고된 노동에 지친 신세를 한탄하던 그들은 다음 날 새벽이 되면 다시 일터로 나갔다. 제주도 곳곳에서 온 사람들이 몰려든 이카이노는 오사카의 작은 제주도였다. 시장에 나가면 언제나 고향사람들을 만나고, 고향의 소식을 들을 수 있었다.

"처음 오사카에 갔을 때는 어땠습니까?"
"눈이 휘둥그레졌지. 생각해보시오. 초가만 몇십 채 있는 마을에 있다가 간 대판은 내게 별천지였지. 그때 전철도 있었으니까. 도로는 우리 신작로와는 비교할 수 없을 정도로 크고 잘 정리됐고, 높은 건물들 하며, 잘 차려입은 사람들 하며……."

　채 선생이 흥에 겨운 듯 이야기를 풀어내자 나도 덩달아 웃었다. 마을을 벗어나지 않았던 그에게 오사카는 신세계였다. 오사카의 제국상업학교 야간부에 입학했다. 2년을 다녔지만 졸업을 하지는 못했다.

"채 선생님은 일본어를 하셨습니까?"
"잘은 하지 못했지만, 어느 정도는 했더랬소. 의사소통도

됐고. 또 대판에서는 제주도 사람들이 모여 있는 이카이
노에 사니까 그다지 일본어를 쓸 일도 없었소. 하하.”
“일본에서는 어떻게 생활했습니까?”
“생활이란 게 별것이 있겠소. 사촌 형님댁에 머물면서 고
향 어른이 운영하는 공장에서 주간에는 일하고 야간에는
학교에 다녔지. 조선인들이 대부분이었소. 제주 출신이
가장 많았고 육지 출신들도 더러 있고. 밤에 학교에 가면
일본인들이 군사훈련을 시켰어. 밤이지만 각반 차고 총
을 둘러메고 군사훈련을 받았소.”

태평양전쟁이 발발하고 모든 것이 전시체제에 들어간
때였다. 조선 땅에서나 일본 땅에서나 학생들은 군사훈련을
받아야 했다.

“공장에는 제주도 출신자들이 많았죠?”
“전부 제주도 출신이었소. 알다시피 그때 제주도에는 일
자리가 없지 않았소. 모두 돈 벌러 온 사람들이었어. 큰
공장은 아니었소. 구좌 행원리 어른이 운영하는 공장이
있는데 자그마했어. 노동자라고 해봐야 대여섯 명 정도
가 일하는 그런 공장이었지. 대부분 그런 식이었어. 가내
수공업이었다고 할까.”

"그 당시 많은 분이 고학하셨다고 하더군요."

"그렇지. 머리핀, 여자들이 머리에 꽂고 다니는 거 있잖소. 그때는 여학생들이 전부 머리에 찔러서 학교 다닐 때였거든. 낮에는 그 머리핀 만드는 공장에 가서 일했어."

"쉽지는 않았을 것 같은데요."

"쉬울 리가 있겠소? 낮에 일하고 밤에 학교 가면 졸려서 말이지."

채 선생은 오사카의 고학 시절을 이야기하면서 표정이 한결 편안해졌다. 먼 추억을 떠올리면서 담배를 피우는 채 선생의 얼굴은 노래 「메기의 추억」을 떠올리게 했다.

"공장에서 노동은 어느 정도 했습니까?"

"그러니까 아침에 나가면 오후가 돼야 돌아와. 일요일에는 쉬고. 사촌형하고 함께 밥집에서 밥을 먹었거든. 거기 가면 조그마한 차반에 조금 덜어줘. 그걸 먹고 돌아서면 곧 배에서 꼬르륵 소리가 나. 어떻게나 배가 고픈지 몰라. 식당은 저녁에는 영업하지 않고 점심만 팔았어. 그것도 빨리 가야 사 먹지, 늦게 가면 줄을 서서 기다려야 했지. 그런 데서는 조선사람이라고 차별하지는 않았소. 일본사람이나 조선사람이나 전부 똑같이 줄을 서서 차례차례 들어가 국수 한 그릇씩 뚝딱 먹고 나왔어. 내 생각엔 잘 먹었다는 말이 나오려면 네 그릇 정도는 먹어야 할 정도로 양이 적었어. 한창 클 때라 늘 배고팠지. 그렇게 지냈으니까 아마도 그때 성장이 멈춘 것 같아. 하하.”

일본 생활은 재미있기도 했지만 힘들었다. 낮에 일하고, 밤에 공부하는 게 여간 어려운 일이 아니었다. 미군의 일본 공습이 점차 심해지기 시작했다. 오사카의 상황도 심상치 않았다.

1945년 5월 27일에는 부산에서 일본 하카타로 가던 7100톤급 곤고마루金剛丸가 하카타 만에서 미군이 살포한 기뢰에 맞아 사상자가 발생했다는 소식이 들렸다. 이보다 20일 전, 제주 추자도 부근 바다에서는 고와마루晃和丸가 미군기의 공습으로 침몰당해 제주도에서 육지로 피난 가던 주민들과 징병자 등 257명이 한꺼번에 희생되는 참사가 벌어졌다.

일본에 계속 있다가는 무슨 일을 당할 것만 같았다. 일본 생활을 정리하고 제주로 돌아가는 사람들이 늘었다. 채진규도 3년 남짓 오사카에서의 생활을 접고 귀국길에 올랐다. 해방 직전이었다. 고향의 바닷내음은 그대로였다. 역시 고향이었다. 부모만 반갑게 맞아준 것이 아니었다. 마을의 팽나무와 뛰어놀던 바다도 반갑게 맞아주었다.

해방이 되었다. 꿈에 부풀었다. 해방된 땅에 걸릴 게 없었다. 해방 제주에서는 일제의 탄압으로 지하에 숨어 들어갔던 청년들이 역사의 전면에 등장하고 있었다. 서울에서는 일제의 항복과 동시에 국가 건설을 위한 움직임이 일었다. 여운형 선생을 중심으로 한 진영은 8월 15일 자주적 민족국가 건설을 목표로 조선건국준비위원회(건준)를 수립하고 신속하게 전국 조직 건설에 나섰다. 건준은 얼마 뒤 전국인민대표자대회를 열어 조선인민공화국을 결성했다. 지방의 건준 지부들도 지방인민위원회로 이름을 바꿔 달았다. 제주도도 마찬가지였다.

구좌면 인민위원회 위원장은 문도배, 부위원장은 오문규가 맡았다. 이들은 해녀투쟁을 지도했고 민족해방운동에 나섰던 인물로 지역 주민들의 신망이 두터웠다. 주민들은 그들의 활동을 지지했다. 채 선생은 이들의 활동을 익히 알고 있었다. 오문규에 대한 평가는 매우 후했다.

"제국 시대에도 인물이 좋기로 유명했고, 하도에서 일등 부자였어. 젊은 사람들이 상당히 존경했소. 심지어 면서기로 다니는 분들도 존경했으니까. 오죽해야 하도학교 졸업식에도 초청하겠소. 면장과 지서 주임, 그리고 구장 옆에 민간인으로는 오문규 선생이 유일하게 있었으니까."

*

이들과 함께 해녀투쟁을 주도했던 김옥련 할머니의 기억은 더욱 생생했다.

"선생님들과 친했었겠네요."

부산에서 인터뷰할 때 선생님들 이야기가 나오자 김 할머니의 목소리에 아연 활기가 돌았다. 김 할머니는 다시 그 시절로 돌아간 듯 선생님들을 떠올리며 미소를 지었다.

"친하고 말고요! 부모님보다 더 친했지요. 부모님이 사상이나 공부에 대한 이야기를 해줍니까? 그땐 여자들은 공부허민 시집도 못 간다고 해가 그랬는데 그분들이 우리에게 공부를 시켰고, 계몽했죠. 우리가 배우지 않으면 안 된다, 배워야 일본사람들한테 압박 받고 있다는 것도 알고 일본사람들 압박에서 벗어날 수 있다고 했어요.
그런 지하운동을 할 때는 대낮에 못 하거든요. 컴컴 어두울 때 인기척이 없는 갯가에 모여서 했어요. 오문규 선생님 밑에 여러 선생님이 있어요. 그분들이 우리와 같이 운동했어요. 모일 때마다 우리는 일본 식민지 아래에서 살 때가 아니다, 우리도 배워야 일본 놈들 압박을 벗어날 수 있다고 했어요. 요샛말로 의식화 교육이라고 하지 않습니까, 의식화 교육. 그분들한테 감화를 받았어요.

그리고 또 강연회 같은 것이 있지 안헙니까. 그런 땐 마을 사람들이 하도학교에 듬뿍 모여요. 그때도 오문규 선생님이 글을 쓰고 나한테 외워서 연단에서 얘기하라고 하면 그리했어요. 지금도 생각나는 일이 있어요. 우리가 압박 받는 것도 옛날 양반 어른들이 허세만 부리다 우리 조선을 일본사람들한테 빼앗겼다는 식의 연설을 하는데 마을 유지 몇 명이 우리 아버지 이름을 부르면서 "저 년, 끌어내려 때리라"고 야단을 쳤어요. 그때 청년들이 와! 하고 들고 일어났어요. 선생님들이 그분들을 향해 "당신네가 우리가 처한 현실을 아느냐", "당신네 같은 사람이 있으니까 우리 조선이 일본 사람들한테 압박 받는 거 아니냐"고 반박했어요. 그랬더니 그분들이 아무런 말을 하지 못하고, 그랬어요."

*

해방 직후 제주도 내 마을마다 학교 설립 바람이 불었다. 일본어만 배운 아이들이나 글을 모르는 부녀자들에게 한글을 가르치는 일은 내일을 위한 희망이었다. 학교가 없던 종달리에도 여느 마을들처럼 주민들이 땅을 내놓고 독지가들이 한 푼 두 푼 돈을 모아 학교 건립에 나섰다. 1945년 10월 1일 마을 유지 김교선이 주축이 되어 중동 공회당에 사설 종달학원을 설립했다. 일제 강점기 하도학교 교사였고, 해녀투쟁에 참여했던 문현식이 원장을 맡았다. 일본 유학 경험이 있는 채진규는 해방된 땅에서 교사로 새로운 삶을 시작했다.

학교 건물도 주민들이 지었다. 교실이라고 해봐야 작은 초가였다. 그래도 해방된 땅에서 우리말로 아이들을 가르치는 일이 즐거웠다. 마을의 분위기가 살짝 뒤숭숭하기는 해도 개의치 않았다. 일본어가 더 익숙한 아이들이 훨씬 많았다. 가갸거겨 나냐녀녀 우리말 가르치는 재미에 시간 가는 줄 몰랐다. 아이들과 함께 마을 소금밭을 지나 바닷가에서 고기를 잡기도 하고, 지미봉에 오르기도 했다. 집에 돌아오면 다음날 아이들에게 가르칠 준비를 하며 하루하루를 보내는 나날이 계속됐다.

사설 종달학원은 이듬해인 1946년 12월 2일 공립 종달 국민학교로 승격됐지만, 2개 학급에 학생 수는 80명밖에 되지 않았다. 집안에 재산이 있거나 마을에서 목소리가 있는 집안 자녀들이 아니면 다닐 수 없었다. 문 교장과 채 선생은 학생들을 더 받고 싶었지만 공간이 부족했다. 안타까웠지만 방법이 없었다.

문맹퇴치운동이 대대적으로 전개됐다. 채진규는 문맹퇴

치운동 강사로도 선정돼 학교에 다니지 못한 청년과 부녀 자
들을 모아놓고 밤에는 야학 강사로 활동했다. 국어는 한글을
읽을 정도, 수학은 장사하거나 사회생활을 하면서 불편이 없
을 정도의 초보 교육 수준이었다. 하도학교나 세화학교에 다
니던 소년소녀, 청년, 부녀자 들도 찾아왔다. 정식 학교 수업
을 받지 못한 여자아이들도 많았다.

낮에는 아이들을 가르치고, 밤에는 청년과 부녀자 들을
가르치는 나날을 보냈다. 교육에 바빴던 채 선생은 인민위원
회에서 활동하는 선배나 동료 들과 비교적 가깝게 지냈지만
그들과 함께 활동할 시간적 여유는 없어 거리를 뒀다.

그러던 어느 날, 학교 수업을 끝내고 집으로 돌아가는 길
에 그를 기다렸다는 듯이 다가오는 동네 선배를 만났다.

"진규야, 오랜만이여? 시간이시냐?"
"아, 오랜만이우다. 경헙서."

뒷동산으로 갔다. 채진규의 집은 뒷동산 바로 앞에 있었
다. 뒷동산 뒤는 지미봉이다. 집을 바라보며 돌담 옆 빌레에
앉았다. 한여름 팽나무 가지에서는 매미 울음소리가 요란스
럽게 마을에 울려 퍼지고 있었다.

"요새 바쁘지이? 낮엔 아이들 가르치고, 밤엔 야학 활동
하고."

"바쁘긴 해도 그럭저럭 헐만 허우다. 형님은 어떵 지냄수
과?"

"나도 조금 바빠. 읍내도 다니고, 마을에서도 이것저것 거
념허젠 허난."

담배 한 개비를 건네주며 그 선배가 물었다.

"자네, 인민위원회 활동헐 생각 어서? 이젠 우리 손으로
우리 마을을 만들어가야 할 거 아니라게. 우리 구좌에서
도 선배들이 얼마나 가열차게 싸워 와시니? 우리에게는
해녀투쟁이라는 자랑스러운 역사도 있잖아. 그런 정신을
이어받앙 우리도 통일조국 건설에 힘을 모아야 헐 거 아
니라게."

"하기야 문도배, 오문규 선생님 같은 분들이 해녀투쟁 때
얼마나 큰 고초를 겪어수과. 그런 분들이야말로 우리의
자랑입주. 그분들이 잘 인도헐꺼우다."

"맞는 말이여. 우리도 선생님들이영 함께 일허난 힘이 남
서."

"친일활동을 한 사람들도 참여햄수과?"

"왜정 때 극단적으로 매국행위를 한 사람들을 빼고는 문호를 개방햄져. 자네도 알다시피 그 시절엔 어쩔 수 없이 친일행위를 한 사람들도 있잖아. 한 집 건너면 친족이고 다 아는 사람들 아니라게. 그 사람들신디도 새나라 건설에 동참할 기회를 줘야지."

"좋은 생각이우다. 그추룩해야 마을이 통합되고, 단결할 거우다."

"경허난 허는 말이라. 자네 같은 사람이 활동허민 우리가 큰 힘을 받을거라. 같이 일허게."

무슨 말이 나올지 짐작하고 있었다. 담배 연기를 깊게 들이마셨다가 내뱉으며 채진규가 입을 뗐다.

"형님."

"응?"

선배는 채진규를 바라보며, 다음 말을 기다렸다.

"미안헌디 저를 봅서. 무사 그 뜻을 모르쿠과. 집안일도 해야 하고, 낮에는 아이들 가르치고, 밤에는 야학 선생까지 햄신디 시간이 이시쿠과? 시간이 이시민 나도 동참허고 싶수다만은.”

“경해도 자네같이 공부헌 사람들이 활동허민 좋주.”

“말씀은 고맙수다만은 활동하고 싶어도 방법이 어신게 마씸. 놀멍 안헌댄 허민 욕 먹으쿠다만은 도저히 시간을 내지 못허쿠다.”

채진규의 말은 빈말이 아니었다. 밤낮으로 교육하고 집 안일을 해야 하는 그에게 또 다른 활동을 할 시간적 여유나 정신적 여유가 없었다. 그 선배도 모르는 바가 아니었다. 잠시 고민에 잠긴 듯하던 선배가 말을 이었다.

“알았져. 아이들 가르치고 청년들 공부시키는 것도 중요 허고 좋은 일이여.”

“형님이 이해해주난 고맙수다. 마음으로라도 응원허쿠다.”

채진규는 겸연쩍은 듯 대답했다.

“난 또 경칠이 만나기로 해시난 가보켜.”

잠시 뜸을 들이던 선배가 무엇인가 말을 하려다 말고 먼

저 일어났다. 한참을 뒷동산에 앉아 바다를 바라보던 채진규
는 담배가 다 타서야 빌레 돌 틈에 꽁초를 비비고 일어섰다.
이런저런 이유를 들어 선배의 요청을 간곡하게 물리치기는
했지만 마음은 편치 않았다.

바다 쪽에서 불어온 바람이 더운 열기를 쓸며 지나갔다.
우도 위에 머물던 먹구름이 몸집을 키우며 바다 건너 종달리
마을 쪽으로 서서히 밀려오고 있었다.

폭풍 속으로

1947년 6월 6일. 아무도 이날의 일이 훗날 마을에 커다란 생채기를 남길 줄은 몰랐다. 이날 이후 마을은 폭풍 속으로 빠져 들어갔다. 채진규의 기억 속에 이때부터 마을 안에 갈등이 시작됐다. 사람들은 이를 6·6사건 또는 종달리사건이라고 불렀다.

사건은 우연과 우연이 만나 증폭됐다. 이날 오후 8시 30분께 마을 주민들은 조선민주청년동맹(민청) 종달리위원회 주최로 두문이개 부근 한 초가에서 민청대회를 열고 조직 운영과 체육 활동 등의 문제를 논의하고 있었다. 전국 조직인 민청은 전달인 5월 16일 미군정 행정명령 제2호에 의해 해산된 상태였다.

대회는 100여 명의 마을 청장년들이 대거 참석할 정도로 성황을 이루었다. 주민들은 마을 신작로변 비석거리에 10대 후반의 소년 두세 명을 세워놓고 혹시나 있을지 모를 경찰의 움직임을 감시토록 했다. 그런데 뜻밖에 사달이 났다. 보초를 서던 아이들이 깜빡 잠이 들어버렸다. 밤 10시 10분께 세화지서 순경 네 명이 마을로 들어가다 어둠 속 비석 위에 삐라(전단지) 같은 게 보여 떼어내려고 다가갔다가 비석 뒤쪽에서 쪼그려 앉아 졸고 있는 아이들을 발견했다.

"어? 이놈들 여기서 졸고 있네. 너희들 왜 여기 있어?"

눈을 부라리는 경찰 앞에서 졸다가 벌떡 일어난 아이들은 기가 죽었다. 순식간에 맞닥뜨린 상황이라 미처 피할 수도 없던 아이들은 왈칵 겁이 나 말이 나오지 않았다. 경찰은 아이들을 닦달했다.

"이것들 봐라. 너희들 말 안 할거냐? 맛 좀 볼래?"
"아이고, 아니우다. 고르쿠다."

경찰들이 눈을 부라리며 당장 때릴 기세를 하자, 당황한 아이들은 얼떨결에 회의 장소를 말해버렸다.

당시 세화지서에는 평양 출신 김대포 순경이 있었다. 주민들이 '김평양 쌍'이라고 부를 정도로 악명이 높았다. 자기 마음에 들지 않는 청년들을 잡아가면 두들겨 패는 게 그의 일이었다. 툭하면 '쌍쌍' 하면서 욕을 해대 사람들이 '쌍 순경'이라고 조롱했다. 그가 마을에 나타나면 "쌍 순경 온다", "쌍 온다"며 자리를 피해버렸다.

채진규도 인민위원회에서 활동한 처남으로 인해 크게 당한 적이 있다. 어느 날 학교에 있다가 '쌍 순경'한테 붙잡혀 세화지서까지 끌려가 처남과의 관계를 털어놓으라며 심하게 얻어맞았다. 고문을 당한 것이다. 그만 당한 게 아니었다. 마을 후배의 어머니도 '쌍 순경'한테 온몸에 피멍이 들 정도로 폭행당해 오랜 기간 후유증을 앓았다. 그 후배는 언젠가 복수하리라 마음먹었지만 그렇게 하지 못했다.

세화지서 순경들은 아이들로부터 장소를 확인하자마자 앞뒤 볼 것도 없이 달려가 회의장을 덮쳤다. 이들의 갑작스러운 출현에 잠시 당황했으나 훨씬 수가 많았던 청년들이 오히려 이들을 제압했다. 그동안 눌러온 감정까지 폭발했다. 사건의 여파는 컸다. 이날 이후 마을은 폭풍 속으로 빠져들기 시작했다.

경찰이 청년들에게 봉변을 당했으니 그냥 있을 리 없었

다. 사건이 일어난 다음 날 새벽 1구서(제주서) 소속 경찰관들을 태운 트럭이 흙먼지를 날리며 울퉁불퉁한 도로를 지나 마을로 진입했다. 흙길의 돌멩이들이 질주하는 트럭의 바퀴에 튕겨나갔다.

마을 입구에 다다르자 트럭에서 경찰관들이 내리기 시작했다. 검은 제복에 집총 자세의 무표정한 경찰관들은 집집마다 수색하면서 닥치는 대로 청년들을 검거하기 시작했다. 이후 경찰은 관련자 체포를 이유로 마을에 상주하다시피 했다.

청년들이 보이면 무조건 잡아들여 족쳤다. 경찰이 잡아다 고문을 하는 청년들은 대부분 동네 선배나 후배가, 또는 지인이 회의에 참석하라고 해서 참석한 단순 참가자들이었다. 잡히지 않은 청년들은 경찰의 눈을 피해 산으로 피신하거나 연고지를 찾아 몸을 숨겼다. 육지나 일본으로 도주한 이들도 있었다. 사복 차림의 형사들은 청년들을 한 사람이라도 더 찾아내려고 혈안이 되어 돌아다녔다. 채진규의 집에도 가끔 기식한 그들은 광목에 감물을 들인 누리끼리한 갈중이를 입고 농부로 위장해 다랑쉬오름 주변 중산간 지역을 돌아다니며 도피한 청년들을 붙잡았다.

녹음이 짙어가던 계절, 무거운 공기가 마을을 덮치고 있었다. 주민들은 경찰과 마주치지 않으려고 고개를 숙인 채 도로 옆으로 조심조심 걷다가 올레 돌담 속으로 황급히 걸음을 재촉했다. 한낮에 요란하게 짖던 개들도 꼬리를 내린 채 슬금슬금 눈치를 보더니 사라졌다.

"종달리 사람들이 경찰관들을 폭행했다며?"
"가담했던 청년들이 일본으로 밀항했다는 소문도 있어."
"경찰에 붙잡히면 초주검이 된다더라."

그해 일어난 3·1사건과 총파업 이후 집회 참가자들을 찾는다며 곳곳에서 청장년들을 대대적으로 검거하고 고문을 일삼을 때였다. 이런 시기에 일어난 6·6사건은 제주사회의 비상한 관심을 모았다.

사방이 초록으로 물든 시기, 한낮의 마을은 고요하기만 했다. 팽나무가 만들어준 그늘에 앉아 세상 돌아가는 이야기를 하던 동네 삼촌과 친구 들이 어느 순간 자취를 감췄다. 가끔 강아지가 먹을 것을 찾아 이리저리 헤매거나 동네 꼬마들이 신작로나 소금밭 옆에서 놀고 있을 뿐이었다.

6월 16일에는 성산포에서 배를 타고 육지로 몰래 나가려던 마을 청년 일곱 명이 출발 직전 검거됐다. 아마도 그들은 부산을 거쳐 일본으로 밀항하려 했을 것이다. 이틀 뒤에는 세회지서 경찰관들이 1구서 소속 경찰관들의 지원을 받아 마을과 인근 지역을 수색해 열한 명을 체포했다. 검거가 두려워

지서에 자진 출두한 이들도 있었다. 하지만 회의를 주도하거나 경찰을 폭행한 청년들은 이미 육지로 피신하거나 일본행 밀항선을 타고 마을을 떠난 뒤였다. 40살 미만의 마을 청장년들은 거의 검거됐다. 그런 일은 일제 강점기 때도 없었다.

다행인지 불행인지 채진규는 사건 당일 마침 하도리 처가 제사에 가는 바람에 집회에 참석하지 못했다. 그 사실을 확인한 뒤 경찰은 채진규를 검속하지는 않았지만, 시시때때로 교사인 그의 동태를 주목했다.

잔잔한 바다를 장판이라고 한다. 그 장판이 요동칠 때는 거친 파도가 맹렬한 기세로 두문이개를 덮칠 듯이 때린다. 태풍이 제주도 동쪽을 휩쓸면 우도 앞 종달리 바다를 한꺼번에 뒤엎고 만다. 6·6사건은 그런 태풍이었다.

경찰에 연행당한 청년들 가운데 폭행에 가담하지 않은 이들조차 경찰의 유도신문과 고문, 협박을 견딜 수 없어 끝내 하지 않은 일도 했다고 거짓 자백을 해야 했다.

"너 이 자식. 왜 집회에 참가했어? 너 빨갱이지?"
"아닙니다. 선배가 참석해달라고 해서 갔을 뿐입니다."

경찰은 막무가내였다. 경찰은 툭하면 빨갱이라는 말을

내뱉고는 답변을 강요했다. 이북 사투리를 쓰거나 육지 사투리를 쓰는 경찰관들은 무고한 청년들을 잡아다가 원하는 답변이 나올 때까지 치도곤을 놓았다.

"그래? 네가 우리 경찰 폭행했잖아?"
"절대 아닙니다. 경찰관님을 때리다니요? 저는 무슨 회의인 줄도 모르고 그냥 갔다니까요."
"이 간나 새끼래, 이거 안 되갔구만. 맞아봐야 제대로 말하지 안 되갔어."
"진짭니다. 왜 제가 경찰관님을 때리겠습니까?"

그래도 말이 통하지 않자 이번에는 회유했다.

"이봐. 왜 그래? 한번 발로 찼다고 하면 집에 갈 텐데 왜 그렇게 고집을 부려?"

주먹으로 치고 발로 차고 몽둥이가 날아왔다. 고문을 받아 반쯤 정신이 나간 청년들은 결국 자포자기하거나 체념한 듯 그들이 원하는 대로 대답했다.

"너, 우리 경찰관 폭행하는 데 가담했지?"

"예……."

그제야 경찰은 조서를 꾸몄다. 마을청년들은 조서를 읽지도 못한 채 그들이 하라는 대로 지장을 찍었다.

*

그해 3월 1일. 제주읍 관덕정 광장에서 울린 총성은 섬을 송두리째 뒤흔들었다. 당시 제주도 인구는 28만여 명. 모든 기록은 2만 5천~3만여 명이 제주북국민학교에서 열린 제28주년 3·1절 기념대회에 모였다고 전한다. 섬 전체 인구의 10퍼센트에 달하는 숫자였다. 제주읍내만이 아니었다. 조천·애월·대정·구좌 등을 포함한 제주 전역 열한 개 면에서도 수천여 명씩 모였다. 인구 2만 명 남짓의 대정에서만 6천여 명이 모였다고 한다.

무엇이 이토록 많은 사람을 불러들였나. 흔히들 하는 말처럼, 좌파 조직의 동원만으로는 이 숫자를 설명할 수 없다. 미·소 양군의 즉시 철퇴, 미·소 공동위원회의 조속 재개, 통일독립 임시정부 수립 같은 정치적인 구호 너머 제주사람들을 추동한 건 무엇이었을까.

해방 이후 쌓인 온갖 모순들이 3·1절을 계기로 한순간에 드러났다. 섬은 이미 뜨겁게 들끓고 있었다. 굶주림과 모리

세력의 득세, 이들과 결탁한 부패 권력, 미군정의 무능이 불씨가 됐다.

기념대회가 끝난 뒤 참가자들은 두 갈래로 나뉘어 거리 행진에 나섰다. 오후 2시 45분, 제주읍의 중심 관덕정 광장에서 기어코 사건이 터졌다. 수십 발의 총성이 함성을 덮었다. 광장이 얼어붙었다. 식산은행 앞에는 여러 명이 피를 흘린 채 쓰러져 있었다.

"설마 경찰이 우리를 쏠 리가 있나?"

쏘았다. 의심했지만 그것은 사실이었다. 집회 참가자도 아닌, 거리 행진을 구경하던 사람들이 총에 맞았다. 해방 이후 초유의 인파가 몰린 행사를 덩달아 따라 구경에 나선 이들이었다. 10대 초등학생, 일본에서 가족을 데리러 바로 전날 온 30대 가장, 집안일을 거들다 구경하러 간 40대 가장, 갓난아기를 안은 20대 초반의 부녀자도 총에 맞았다. 사람들은 이 날의 사건을 3·1사건이라 불렀다. 소문은 바람보다 빨랐다. 섬 어디를 가나 3·1사건 이야기였다. 분노의 그림자가 제주를 무겁게 뒤덮었다.

그러나 경찰은 발포 책임자를 처벌하지도, 진상을 밝히지도 않았다. 경찰의 조사는 왜곡됐고, 서울에서 파견한 중앙 미군정청 조사단의 조사는 공개되지 않았다. 어디에도 사과의 말은 존재하지 않았다.

분노가 태풍처럼 온 섬을 휩쓸었다. 관공서와 학교가 문을 닫았다. 좌도 우도 없었다. 3월 10일부터 진상규명과 책임자 처벌을 요구하는 남한 사회 최초의 민·관 총파업이 전개됐다. 경찰은 사과는커녕 육지에서 경찰을 속속 파견해 제주도 곳곳을 무차별적으로 뒤져 대대적인 검거에 나섰다. 유치장은 가득 찼고, 고문 소리가 유치장 담벼락 밖으로 새어나왔다. 청년 학생들은 검거를 피해 고향을 떠났다. 6·6사건은 그런 와중에 터졌다.

거짓 자백한 청년들에게 듣도 보도 못한 죄명이 따라붙었다. 죄명을 들어도 그게 무슨 말인지 모르는 이들도 있었다. 격일간 2면으로 발행되던 타블로이드판 『제주신보』는 1947년 6월 18일 좁은 지면일지언정 그때의 일을 자세히 보도했다.

"경찰 당국이 발표하는 바에 의하면 종달리 불상사건으로 인하여 거去 17일 16명(남 13인, 여 3인)이 포고령 위반으로 공무집행방해죄, 상해죄, 소요죄, 불법체포죄, 불법강탈죄로 송치되었다 하는데 관계자 71명 중 미체포자가 43명이라 하며, 16일 성산포 해안 부근에서 발동선으로 출륙하려는 관계자 7명도 1구서 형사대에 체포되었다 한다.”

사건 관계자 71명. 죄명도 여러 가지였다. 종달리 마을 전체가 뒤숭숭할 수밖에 없었다. 한두 명만 잡혀가도 온 마을이 떠들썩할 일이었다. 수십 명이 한꺼번에 붙잡혀 들어가고, 육지나 일본으로 도주했으니 동네가 온전할 수 없었다. 청년들에 대한 경찰과 우익 청년 들의 무차별적인 폭행과 도 넘은 행위에 대한 비난 여론이 일었다.

“청장님, 이번에 검거된 청년들을 고문한다는 소문이 있습니다. 그런 일이 있습니까?”
“누가 그렇게 말해요? 그런 일 없습니다. 우리 경찰은 일제 때의 경찰과 달라요. 우리는 민주경찰입니다.”
“정말로 종달리 사건 관련자들에 대한 고문이 없다고 자신할 수 있습니까?”
“없다고 하는데도 왜 계속 그런 질문을⋯⋯.”

기자의 집요한 질문에 청장은 창밖을 바라보며 의자의 팔걸이를 만지작거렸다.

"청장님이 부인하시니까 하는 말입니다. 그렇게 부인하시지만 말고 사실을 말씀해주십시오. 청년들을 면회했던 가족들이 직접 봤는데도 그렇게 부인하실 겁니까?"

"허, 참……."

6월 20일 『제주신보』 기자와 입씨름을 벌이던 제주경찰 감찰청장 김영배가 난감한 표정을 짓더니 안 되겠다 싶었는지 에둘러 말을 꺼냈다.

"우리 경찰은 종달리 사건과 관련해서 무고한 인민에게 폭압을 주려는 의도는 추호도 없소. 맹세코 그런 일은 없어요. 우리는 단지 주모자들을 규탄하려는 것뿐입니다."

그의 발언은 무고한 청년들에 대한 검거와 고문이 있다는 반증이었다. 기자가 그런 질문을 할 때는 체포된 청년들에 대한 고문이 만연했음을 의미한다. 이미 3·1사건 이후 경찰과 서북청년단(서청)의 불법행위와 행패가 잇따라 원성을 사는 일이 곳곳에서 벌어지고 있었다.

7월 10일 오전 10시 제주지방심리원에서는 6·6사건 관련자들에 대한 재판이 진행되었다. 제주사회의 이목이 집중

된 재판이었다. 섬 어디에서나 6·6사건은 큰 화제였다. 한 마을의 청년 수십 명이 한꺼번에 재판정에 서는 일은 드물었다. 게다가 조사 과정에서 자행된 경찰의 고문으로 여론 역시 악화했기 때문이다.

이른 아침부터 모여든 가족과 일반인 들로 장사진을 이룬 가운데 재판이 시작됐다. 경찰서 옆 심리원에서 열린 재판에 마을 청년 18명이 피고인으로 모습을 드러냈다. 청년들의 가족과 지인 들은 전날부터 읍내에 나와 여관방이나 친척 집에서 뜬눈으로 밤을 보낸 뒤 법정에 나왔다. 비좁은 법정은 경찰이 방청석의 절반을 점거해버려 가족과 지인 들 가운데는 법정 안으로 들어가지 못한 채 밖에서 서성이는 이들도 있었다.

재판장이 피고인들을 한 명 한 명 호명할 때마다 법정에 앉은 청년들은 잔뜩 긴장한 채 '예'하고 대답하며 일어섰다 앉았다. 재판장은 한 사람 한 사람 이름과 주소를 물었다. 방청석에 앉아 있던 가족들은 재판장이 자식이나 형제자매의 이름을 부르면 얼굴을 보려고 신경을 집중했다. 재판장은 집회 참가 여부와 폭행 가담 여부를 물었다.

"피고인 김두문은 1947년 6월 6일 하오 8시30분 종달리 민청대회에 참가한 사실이 있습니까?"

"민청 모임이라고 했지만 마을 대소사를 논의하는 자리로 알아서 참석했을 뿐이지 정치 집회로 생각하지 않았습니다. 논의 안건도 체육대회나 마을 청소 같은 문제가 논의됐을 뿐입니다."

"피고인은 민청대회에 갑자기 경관들이 들이닥치자 폭행에 가담한 사실이 있습니까?"

"없습니다. 경찰을 폭행한 적은 결코 없습니다."

"경찰 진술조서에 그렇게 쓰여 있어서 묻고 있어요."

"아닙니다. 경찰에 연행된 뒤 자백을 강요하면서 위협하는 바람에 어쩔 수 없이 그렇게 대답한 것입니다."

"그렇다면 폭행에 가담하지 않았다는 거요?"

"예. 맹세코 폭행한 적이 없습니다."

그러나 검찰은 경찰에서 작성한 진술조서를 그대로 인정했다. 검사는 검찰의 진술 차례가 되자 근엄한 표정으로 일어나 재판장에게 가볍게 목례한 뒤 이렇게 말했다.

"우리 민족이 생사관두의 기로에 처한 오늘에 있어서, 더구나 치안을 담당하는 경관에 가한 피고인들의 폭행은 도저히 허용할 수 없는 만행입니다."

검사는 단호한 표정으로 재판장과 청년들을 번갈아 보며 준비한 원고를 읽어 내려갔다.

"본관은 인간적으로 피고인들에게 동정하지만 법은 사회 질서를 유지하기 위해 존재하는 것입니다. 경관을 사정없이 폭행한 피고인들의 행위는 어떤 이유를 막론하고서라도 결코 정당화할 수 없습니다. 따라서 본 검찰관은 피고인들의 만행에 대해 단연 철퇴를 가하여 악심을 고치고자 합니다."

법정이 술렁거렸다. 재판정에 선 청년들은 서로를 쳐다볼 뿐이었다. 진술서를 읽은 검사는 이들에게 포고령 2호, 법령 19호, 형법 95조 및 106조를 적용해 최고 4년에서 최하 10개월의 징역형을 구형했다. 검찰의 구형이 있자 청년들은 울먹였다. 검사의 진술을 이해하지 못한 청년들도 있었다. 청년들은 서로를 쳐다보며 말했다.

"우리가 무슨 잘못을 했나. 경찰이 하라는 대로 말했을 뿐인데."

재판장이 법정에 선 청년들을 찬찬히 둘러봤다.

"피고인들 가운데 할 말 있는 피고인 있습니까?"

청년들에게 마지막으로 진술할 기회가 주어졌다. 피고인석에 앉은 김민성이 일어났다. 일제 강점기 때부터 씨름선수로 나가 체육대회에서 줄곧 좋은 성적을 거두고, 일본에서 노동자 생활을 했던 탄탄한 체격의 그는 의협심이 강했다. 그가 차분한 어조로 논리정연하게 당시의 상황을 설명했다.

"마을 민청대회는 평화적으로 진행되고 있었습니다. 논의된 내용도 아시다시피 마을 체육대회나 청소, 문화행사와 관련된 안건들입니다. 물론 해방된 땅에서 조선이 하나로 통일되어야 한다는 생각은 비단 우리 마을 청년들만의 생각은 아닐 것입니다. 그것은 우리 민족의 생사가 걸린 문제이기 때문입니다. 어떻게 해방된 강토입니까? 재판장님도 잘 아실 것입니다. 15년전 우리 고향 구좌에서는 일본놈들의 착취에 맞서 해녀들이 들고 일어나지 않았습니까. 그 사건으로 얼마나 많은 우리 선배들이 옥살이를 했습니까. 저도 대판에서 일본인들의 차별과 멸시 속에 노동을 한 경험이 있습니다. 저에게 해방은 하나의 조선이 되는 것을 의미합니다. 그러나 우리는 그날 그러한 문제를 논의한 것이 아닙니다. 마을 문제를 토의

하는 자리였지, 결코 정치 현안을 논의하는 자리가 아니었음을 밝히는 바입니다. 또한 경찰에 대한 폭행은 잘못된 것입니다. 그러나 세화지서 경찰관들은 갑자기 들이닥쳐 다짜고짜 연행하려 하였습니다. 이에 흥분한 일부 마을 청년들이 이를 저지하려다 경찰과 충돌하면서 폭행 사태로 번진 것입니다. 부디 재판장님께서는 이 점을 참고하시어 살펴주시기 바랍니다.”

그가 최후진술을 하고 자리에 앉자 방청석에서는 고개를 끄덕이는 이들도 있었다. 다른 청년들도 하나둘 일어서며 말했다.

“맹세코 경찰을 구타한 적이 없습니다.”
“무슨 회의인지 모른 채 참석해달라고 해서 갔을 뿐입니다.”

청년들은 너나 할 것 없이 재판장을 향해 애원했다. 이들의 목소리는 울음소리에 뒤섞여 거의 들리지 않았다. 재판장은 조용히 하라며 장내를 수습하고 난 뒤 피고인들을 쳐다봤다. 재판장은 청년들의 호소에 귀를 기울였지만, 그게 전부였다. 대신 검찰의 주장을 받아들여 이들 모두에게 각각 벌금 1천 원에서 징역 4년까지 선고했다. 재판은 한 시간여 만에 끝났다. 이를 지켜보던 경찰관들은 입꼬리를 살짝 치켜들고 청년들과 방청석을 바라보다 유유히 법정을 빠져나갔다.

재판 결과가 전해지자 마을은 무겁게 가라앉았다. 두 사람만 모여도 재판 얘기가 나왔다. 주민들의 목소리는 분노로 높아져만 갔다.

“야, 큰일이여. 그게 경 큰 죄라?”

“춘식이 아덜은 때리지도 안 해신디 때렸댄 고랐당 유죄 받았젠 햄서. 아이고.”

“무사 경 고랐젠? 안했댄 허민 될 건디.”

“아이고, 답답헌 소리 허질 맙서. 경 안허민 어떵헙니까? 그냥 막 족치는디.”

“재판 받을 때 보난 경대 아방은 얼굴에 상처도 나선게. 몰골이 말이 아니란게. 사람을 경 만들어부는 놈들이 어디 이서?”

7월 24일 오전 10시 제2차 재판이 진행됐다. 피의자가 되어버린 청년 25명이 들어오자 좁은 법정이 꽉 찼다. 적게는 17살, 많게는 37살의 마을 청장년들은 법정에 들어서면서 아는 얼굴이 보일까 방청석을 연신 두리번거렸다. 가족이나 지인이 보이면 서로 눈짓으로 아는 체를 했다. 갈중이를 입고 해진 고무신을 신은 이가 있는가 하면 며칠 동안 머리를 감지 못해 산발이 된 채로 절뚝거리며 걷는 이들도 있었다. 방청석에서 들어오는 이들을 보다가 옷고름으로 눈물을 찍는 부녀자들도 있었다. 제2차 재판에서도 청년들은 한결같이 혐의를 부인했다.

"경찰관을 폭행한 일이 없습니다."
"어떻게 경찰관을 때리겠습니까?"
"회의 참석만 했습니다."

법정에 선 청년들이 울먹이며 혐의를 전면 부인했다. 재판장은 난감한 표정을 지었다. 재판장은 피고인들과 방청석을 찬찬히 둘러본 뒤 입을 뗐다.

"피고인들이 모두 혐의를 부인하고 있습니다. 오늘 선고할 예정이었지만, 피고인들이 혐의를 부인하는 관계로 사실 증거 조사를 더 하도록 하겠습니다. 추후 일정을 잡아 다시 심리하겠습니다."

재판 때마다 주민들은 농사일이나 바닷일을 팽개치고 읍내로 향했다. 검찰은 7월 28일 속행한 결심 공판에서 이들에게 포고령 2호 및 법령 19호 위반, 공무집행방해, 소요, 상해, 불법체포 등의 혐의를 들어 구형했다. 유치장에 있는 마을의 청장년이나 집에 있는 가족 들의 마음은 오그라들 대로 오그라들었다.

며칠 뒤인 7월 31일 오전 10시 선고 공판이 열렸다. 결과는 크게 다르지 않았다. 재판장은 25명에게 벌금형과 징역형을 선고했다. 징역형을 받은 청년들은 육지 형무소로 이송되는 배에 올랐다. 떨어지지 않는 발걸음이었다. 이들이 떠나는 산지항에는 가족과 친지 들이 이른 아침부터 나와 눈물로 배웅했다. 그렇게 고향을 떠나 대전형무소로 이송된 이들 가운데는 두 번 다시 돌아오지 못한 이들도 있었다. 고향의 가족들은 유해를 가져가라는 통지서를 받았지만, 두 명은 끝내 유해도 찾지 못한 채 행방불명됐다. 6·6사건은 이렇게 마무리되는 듯했다. 이렇게 끝났더라면 생채기는 남을지언정 마을의 분위기는 어느 정도 진정되었을 터였다.

사건은 사건을 몰고왔다. 그날 이후 마을은 경찰과 우익 청년 들의 주목 대상이 됐다. 마을에는 붉은 도장이 찍혔다. 경찰이나 서북청년 들이 집회를 한다며 나오라고 해서 나간 뒤 잡혀가는 이들이 속출했다. 서북청년들의 핏발선 눈빛은 보기만 해도 섬찟했다.

"너희 종달리 놈들은 전부 빨갱이다!"

주민들은 집회에 동원될 때마다 이런 말을 들어야 했다. 청년들은 이대로 있다가는 언제라도 잡혀갈 수 있다는 두려움 속에 하루하루를 보냈다.

3·1사건을 전후해 육지에서 들어온 경찰은 곳곳에서 말썽을 일으켰다. 현지 경찰을 응원하기 위해 파견되었다고 해서 '응원경찰'이라고 불린 이들은 걸핏하면 금품을 빼앗고, 주민을 구타했다. 이런 일이 잦아지면서 이들에 대한 원성이 높아졌다.

6·6사건이 벌어지기 한 달여 전인 5월 10일에는 이런 일도 있었다. 3·1사건 이후 응원대로 육지에서 파견된 제6관구(전북) 경찰청 소속 경사 김영세와 엄희철이 불심검문이라는 이름으로 종달리 바로 옆 하도리의 한 민가에 불쑥 나타나 불법 수색하고 옷감과 고무신을 빼앗아갔다. 인근 하도리와 세화리, 종달리에 소문이 순식간에 퍼졌다.

"육지 것들 여기왕 아무거나 돈 되는 건 빼앗아 부럼덴 허는 소문 이서."
"정말이라. 응원경찰이 상윤이네 집에 들엉 몬 빼앗앙 가서."

"그거 어떤 재산이라? 일본 강 먹을 거 안 먹고 입을 거 안 입으멍 경 고생허멍 모은 거 아니라. 에이, 도둑놈들."

한림면에서는 같은 달 지서장과 차석이 체포당한 주민 두 명을 무지막지하게 고문했다가 구속되기도 했다.

3·1사건과 총파업 이후 제주도 전역에서 대대적인 검거가 이루어지고 있었다. 청년들이 끌려가지 않은 마을이 없을 정도였다. 읍내에서는 청년 학생들이 줄줄이 검거되고 있었다. 유치장은 이들로 넘쳐났고, 고문이 다반사였다. 민심이 악화하는 가운데 4월 4일 경찰과 제주도 당국은 공동으로 좌담회를 열어 대책을 논의했다. 이 자리에서 관변 인사로 참석한 권헌 제주물가감찰서장조차 경찰의 행위를 온건하지만 강하게 질타했다.

"경찰에 대해서는 미안한 말이나 관이라면 관이요, 민이라면 민이라는 입장에서 솔직히 말하고자 합니다. 응원경찰대에 대한 여론이 좋지 못한데 너무 지나친 행위가 원인이 되는 것 같으니 이 점에 대해서는 특히 유의하여 주시면 감사하겠습니다. 응원경찰대가 철퇴한 후에 그에 대한 반동이 없다고 누가 단언할 수 있습니까? 이러한 점은 경찰의 본위에 일그러진 결과를 초래하게 된다는 점을 특히 강조하고 싶습니다.”

권헌이 보기에 ‘너무 지나친 행위’라고 할 정도로 육지에서 들어온 경찰의 민폐가 도처에서 나타나고 있었다. 그의 지적은 뼈아픈 것이었지만, 어느 누구도 귀담아듣지 않았다.

7월 28일에는 제주경찰감찰청에 파견된 응원경찰 세 명이 관에서 운영하는 후생식당 종업원을 사무실로 끌고 가 집단 구타하는 일이 벌어졌다. 이들은 식당 취사장에서 식사하다 종업원이 식탁에서 식사해달라고 하자 “육지에서 온 경관을 우대해주지 않는다”며 종업원을 끌고 가 장작 위에 무릎을 꿇리게 한 다음 심한 폭행을 가했다. 제주 사회 곳곳에서 이런 일들이 비일비재하게 일어났다.

제주 출신 박경훈 도지사의 후임으로 부임한 극우파 유해진 도지사의 부임은 제주사회의 파국을 재촉했다. 도지사부터 말단 순경, 서북청년단에 이르기까지 육지에서 들어온 이들은 누구나 할 것 없이 제주사람들의 삶을 옥죄었다. 제주도의 미군정도 주민 편이 아니었다. 육지에서 들어온 관료나 미군정이나 제주사람들의 눈에는 섬 공동체를 깨뜨리는 외부세력일 뿐이었다.

1947년 초부터 제주도에 들어오기 시작한 서북청년단원들의 행위는 만행에 가까웠다. 빨갱이를 때려잡는 데 고생하는 자신들을 도와줘야 할 것 아니냐며 틈만 나면 기부와 희사를 강요했다. 말이 기부고 희사지 강탈과 불법 강매가 판을 쳤다. 심지어 부녀자 능욕에, 나이가 많든 적든 반말에 폭행도 빈번했다. 이들의 패륜적 행패에 섬사람들의 원성이 높아지자 제주경찰감찰청은 11월 3일 경고문을 발표했다.

"최근 빈번히 일어나는 불법 기부 강요로 인하여 민간에 폐해가 적지 않음에 따라 각 방면으로부터 원성이 자자하므로 금번 경무부에서는 여좌한 지시가 있기에 이에 경고함."

"어떤 사설단체를 막론하고 기부 강요는 강도죄를 구성하는 일"이라는 내용도 포함했다. 경고문에 들어 있는 '기부 강요', '민간 폐해', '원성' 등의 표현은 서청의 행패 정도를 드러내준다. 그러나 경찰이 이런 경고문을 발표하기 바로 전날, 제주읍내 제주극장에서는 악명높은 서청 제주본부 결성식이 열렸다. 제주사람들의 인내는 시한폭탄의 타이머처럼 째깍째깍 소리를 내며 임계점을 향해 치닫고 있었다.

상황의 심각성을 파악한 중앙 미군정청이 그해 11월부터 제주도 정치 상황을 특별 감찰할 정도였다. 미군정청 특별 감찰관 중령 로렌스 넬슨은 1948년 2월 18일과 19일 제주도

지사 유해진을 만나 직접 조사했다.

"제주도의 정치 상황은 어떻소?"
"1947년 3월 1일 이후 제주도에 부임했을 때 도민 대다수
는 좌익이었소. 그래서 본인이 한 첫 번째 일은 일반 대중
을 극좌로부터 분리하는 것이었소. 나는 극우단체의 힘
을 빌려 조직과 선전 활동을 성공적으로 추진했소. 현 단
계는 그들을 중도 노선으로 이끄는 것이오. 이것이 두 번
째 단계요."

유해진은 부임할 때부터 제주도를 붉은 섬으로 보았다.
그렇지 않고서야 도민 대다수를 좌익이라고 했겠는가. 극우
단체인 서청의 힘을 빌려 성공적으로 선전 활동을 벌였다고
자랑하는 유해진의 말에는 그 어떤 고려도 없었다. 자신의 입
장과 다른 이들은 모두 빨갱이였다. 그의 서청 옹호론은 미군
정 장교마저 당혹하게 할 정도로 일방적이었다.

"당신은 왜 처음부터 극우단체의 힘을 빌렸소?"
"제주도에 중도 노선이 없었기 때문이오."

검은 선글라스를 낀 거만한 표정의 유해진이 귀찮은 듯

한 모습으로 답변했다.

"극우세력이 일으킨 충돌 사례가 몇 가지 있소. 그리고 이런 사례가 증가하고 있다는 보고도 있소. 어떻게 생각하시오."

넬슨은 극우단체가 일으킨 사건들을 열거하며 유 지사를 압박했다. 그러나 그는 요지부동이었다.

"나는 극우단체가 어떠한 충돌도 일으키지 않는다고 생각하고 있소."
"그렇다면 누가 충돌을 일으키고 있단 말이요?"
"극좌분자들이오."

의자에 삐딱하게 앉아 답변하던 유해진은 다음 일정이나 있는 것처럼 연신 손목시계를 보다 오른손 검지를 책상에 딱딱 부딪쳤다.

*

미군정 문서를 발굴하고 분석하는 데 몰두했던 2000년, 「특별감찰보고서-제주도 정치상황」을 발견했다. 1947년 11월

12일부터 1948년 2월 28일까지 특별감찰관 넬슨이 유해진 지사를 비롯한 제주도 군정중대 관계자들을 면담하고 작성한 특별감찰보고서다. 보고서에는 1947년 제주도의 정치·사회 상황이 날것 그대로 담겨 있었다. 넬슨은 보고서에서 이렇게 밝혔다.

"유해진 지사는 지사로서 도정 업무를 수행해야 함에도 계속해서 무능력을 드러냈다. 그는 무모하고 독재적인 방법으로 정치이념을 통제하려는 쓸데없는 시도를 해왔다. 그는 좌파를 지하로 몰고 갔으며, 결국 그들의 활동을 더욱 위험하게 만들었다. 좌익세력의 숫자와 동조자들이 증가하고 있다. 유 지사 재임 기간 경찰은 테러 행위를 수없이 자행했다."

넬슨은 이 보고서에서 도지사 유해진을 경질해야 한다고 건의했다. 1948년 4월 3일 무장봉기가 일어나기 바로 한 달 전 상황이었다. 그러나 미군정 최고 책임자인 딘 군정장관은 특별감찰관의 경질 건의에도 유해진을 해임하지 않았다.

넬슨의 특별감찰이 진행되던 1947년 11월 26일 제주도를 방문한 딘 군정장관은 유해진을 만나 조선의 독립국가 건설의 난관을 극복하기 위해 팀워크의 필요성을 언급했고, 유해진은 군정장관이 기대하는 만큼의 전심전력의 협조를 하겠다며 공손한 태도로 고개를 숙였다. 넬슨이 보고서에 뭐라고 썼든 유해진의 경질은 이미 고려 대상이 아니었던 건지도 모를 일이다.

제주사회가 임계점에 다다랐다는 각종 경고음은 계속 울리고 있었다. 딘 군정장관이 제주도를 방문한 뒤 20여 일도 지나지 않은 12월 13일자 주한미국육군사령부의 정보보고서는 다음과 같이 제주도의 여론을 보고했다.

> "경찰에 대한 제주도 일반 여론 보고
> 제주 방첩대(CIC)는 최근 한 정보원으로부터 제주경찰에 대한 정의가 조속히 취해지지 않으면 모든 조직이 제주경찰감찰청을 공격하리라는 것이 일반 여론이라는 보고를 받았다."

폭풍이 밀려오고 있었다. 미군정 수뇌부도, 경찰도, 우익청년단체 들도 예상하지 못할 만큼 거센 폭풍이었다. 그들은 몰랐을까? 외면했다는 말이 맞을 것이다. 그 외면의 결과는 너무나 컸다.

사불고死不顧의
폭기성

해가 바뀌었다. 1948년 4월 3일 무장봉기가 일어났다. 그것은 수십, 수만 년 동안 한라산 깊은 땅 속에서 꿈틀거리던 마그마가 지표면을 뚫고 폭발하는 붉은 용암의 분출과도 같았다. 그것은 해방 이후 제주사회를 짓누르고 있던 억압과 강탈, 모순덩어리에 대한 격렬한 항의였다. 남로당 제주도위원회가 무장봉기를 감행했으나, 그들도 주워담을 수 없을 만큼 불은 순식간에 활활 타올랐다. 섬사람들의 깊고 오랜 분노가 깔려 있었다. 무장봉기 주체세력도 그 분노의 크기를, 그 분노의 강도를 간과했다.

"더는 억압 속에 살 수 없다. 더는 굴욕 속에 살 수 없다."

섬사람들은 자존을 지키기 위해, 인간답게 살기 위해, 아이들에게 참다운 세상을 보여주기 위해 일어섰다. 참고 참아 온 민중의 분노가 마침내 폭발했다. 섬이 외치는 소리였다.

단결은 이들의 전통이다. 내 것 네 것 없이 살아온 섬사람들은 옳다고 판단하면 단결하고 일어선다. 1901년 이재수 란 때도 그랬고, 1932년 해녀투쟁 때도 그랬다. 그들은 두려워하지 않았다.

자유를 빼앗기고, 정의가 짓밟혔다. 경찰과 서청의 탄압을 더는 지켜볼 수 없다. 중학원생과 청년의 고문치사를 그대로 둘 수 없다. 섬사람들은 억압과 탄압의 사슬을 끊어내기로 했다. 투쟁의 순간이 왔다.

분단은 있을 수 없다. 얼마나 그리던 해방이냐. 남한만의 단독 정부를 수립하기 위해 치러질 5·10 선거는 민족의 영구 분단을 가져오는 행위였다. 일제의 침탈로부터 해방된 땅에서 통일국가 수립은 당연한 일이었다. 전국적으로 같은 목소리가 울려퍼지고 있었다. 좌익계열의 선동 때문만도 아니었다. 평화를 깨뜨린 자 누구인가. 절박함이 그들을 일어서게 했다. 일제 강점기 수십 년 동안 압제와 착취 속에 신음하다 해방된 땅에서 같은 민족이 분단되는 것은 안 될 말이었다. 이 시절 보통사람들은 그렇게 여겼다.

그러나 이 섬에는 더 깊고 더 뜨거운 무엇이 흐르고 있었다. 해방 이후 제주사회를 줄곧 짓눌러온 부정의와 억압은 누구라도 건드리면 곧장 터질 것 같던 사회 분위기에 불을 붙였다. 섬의 울부짖음이었다. 분노는 폭탄처럼 각자의 억눌린 가슴에 불꽃이 되어 타올랐다.

1948년 4월 3일 일어난 무장봉기로부터 47년 전인 1901년 이 섬을 휩쓸었던 이재수의 난. 신축년辛丑年에 일어나 신축민란, 신축교안이라고도 하는 이재수의 난은 중앙정부에서 파견한 탐관오리의 학정, 외세의 개입, 그들과 결탁한 일부 토착세력의 부조리, 고문치사 사건으로 분출됐다.

4·3은 이재수의 난 데자뷔다. 극우파 도지사의 폭정, 미군정이 파견한 일제 고등계 형사 출신 경찰 책임자의 불법행위, 토착 모리배와 그들과 결탁한 미군정의 무능과 부패, 경찰의 잇단 고문치사 사건은 시대만 다를 뿐 판박이였다. 심지어 봉기를 일으킨 항쟁 주체세력의 결말까지도.

1901년 이재수의 난 때도, 1932년 해녀투쟁 때도 섬사람들은 같은 모습이었다. 1948년 무장봉기가 일어난 제주 상황을 보도한 당시 신문조차 제주도 현지 취재 뒤 내보낸 기사를 통해 제주도민들은 평화가 유린될 때 죽음을 두려워하지 않는다고 했다.

"풍토상으로 가저오는 도민의 사나운 성품은 지리상으로 오는 극히 농후한 애족애향의 정신과 더부러 단결이라면 상상 이외의 위력을 발휘하는 것이다. 지금으로부터 39년(47년의 오기) 전의 한말에 불국으로부터 천주교란 종교가 세계에 전파될 때 제주도에도 어떤 근거를 두고 세력을 부식付植하라 하였으나 이제수라는 본도 출신 인물이 영웅적 존재로 전도민을 총동원하여 이 외래세력에 대한 반대투쟁이 전개되자 가장 투쟁력이 강하고 민족애에 넘치는 도민의 혁명적인 혈투는 기어코 그 세력을 무난히 분쇄하였다는 것으로나, 제주도민은 왜정에 대한 반항이 노골적으로 각 방면에 표현되어 대부분의 도민이 왜정하의 사상범이 없다는 것이 본도의 정신을 웅변으로 증개證開하고 있는 것이고, 또한 도민의 역사적으로 불가피한 정부에 대한 반감(한국시대 피유형자 다수)으로 자유가 구속되고 평화가 유린될 때의 사불고死不顧하는 폭기성暴起性을 잊어서는 안 된다." _『대한일보』, 1948. 6. 3.

사불고死不顧. 죽음을 두려워하지 않는다는 뜻이다. 이 신문은 기사에서 무장봉기의 원인으로 치안과 행정 책임자의 폭정, 서북청년단의 악행을 지목했다. 자유와 평화가 유린될 때 이 섬의 사람들은 죽음을 두려워하지 않고 단결해 들고 일어난다고 했다. 해방된 땅에서 제주도민들에 대한 치안과 행정 책임자들의 일탈 행위는 일제 강점기 평범한 민중을 사상범으로 몰았던 것이나 다름없다고 질타했다.

"조선의 해방은 제주도민에 있어서는 사막의 「오와씨스」였다. 완전한 자유, 영원한 평화를 가져올 우리의 주권이 이미 회복되는 날로 맞이하였다. 명실전도의 해방은 날이 갈수록 그들 도민島民으로 하여금 실망과 분개의 일로一路로 인도하였다. 왜정하 150명 내외 경관이 담당하던 치안은 300여 명으로 증가되였으나 목적에 어그러진 시책 병행하는 무질서한 행정은 제주도민의 고통을 줌에 너무나 지나쳤다.

그러나 행정 책임자, 치안 책임자가 이러한 도민의 사정을 전연 살피지 못하였기 때문에 관민의 격리는 필연적인 결론으로 당국으로서의 절대적인 책임은 피치 못할 현실로 나타난 것은 건국 도상에 너무나 유감스러운 일이라 않을 수 없다. (중략)

강압에 대한 폭발이란 우주의 원칙임에도 불구하고 강자는 소시민적 도민을 폭압하고 선량한 자들도 지들의 사

감에 의하여 공산주의자(파괴주의)로 몰아치는 처사는 악
질 매국노들의 선동으로 인하여 마치 왜정이 자가自家정
책에 공명치 않는 자는 부정선인鮮人 내지 「악질사상범」
으로 처벌하던 예例 이상의 반감을 주었다. 이리하여 도
민의 불안과 관헌에 대한 반감 내지 공포심은 복구할 수
없는 지경에 이르럿다.”_『대한일보』, 1948. 6. 4.

사막에서 오아시스를 만난 것 같았던 해방이었다. 조선
사람이라면 누구나 자유와 평화가 오리라고 여겼다. 제주사
람들이 살아가는 방식을 존중했더라면, 억압과 강탈을 하지
않았더라면 아무런 일도 일어나지 않았을 것이다. 남한만의
단독선거와 단독정부를 반대하는 목소리가 있었겠으나 이
렇게 뜨겁게 일어나지도 않았을 것이며, 뜨거웠을지언정 그
렇게 오랜 시간 이어지지도 않았을 것이다. 당시 언론의 지적
처럼 평화가 유린당하고 참을 수 없는 물리적, 정신적 고통
이 가해지자 섬사람들에게서 '사불고의 폭기성'이 터져나왔
다. 강압에 대한 폭발은 우주의 원칙이다. 원인 없는 결과는
없다.

당시 자료를 접할 때마다 숨이 막힌다. 미군정이 조금만
더 제대로 역할을 했더라면 섬사람들의 활화산 같은 분노는
폭발하지 않았을 텐데, 그들은 왜 민중의 여론을 읽는 데 실

패했을까. 이내 고개를 젓는다. 얼마나 헛된 가정인가. 그럼에
도 질문이 자꾸 따라붙는다. 미군정과 경찰의 존재 이유는 무
엇이었는가. 그들은 이 섬을 무엇으로 보았는가. 무능하고 부
패했기 때문만일까. 아니, 다른 의도가 있었을지 모른다. 일찍
이 제주도가 지정학적으로 중요한 위치에 있다는 걸 간파한
미국 아닌가. 점령 지역 남한에 친미 반공 우익 정부를 수립
하려는 의도를 가진 그들 아닌가.

경찰은 사상적으로 불순하다며 섬사람들에게 붉은색을
덧씌웠다. 경찰 조직의 2인자 경무부 차장 최경진은 심지어
"제주도 주민 가운데 90퍼센트가 좌익 색채를 띠었다"고 했
다. 주한미국육군사령부 정보참모부는 최경진의 발언을 그
대로 인용해 보고했다. 미군정이 색안경을 쓰고 제주사람을
대했다는 말은 맞았다. 무장봉기 진압을 위해 제주도 최고 사
령관으로 파견되어온 미군 대령은 제주도민의 80퍼센트가
공산주의자들과 연루되어 있다고 했다. 공산주의자들의 거
점으로 조직되었다고도 했다. 서청 역시 제주도를 '조선의 작
은 모스크바'로 간주했다. 그들의 눈에 제주도는 온통 붉은
섬이었다.

*

곳곳에서 봉홧불이 보였다. 마을은 한 해 전 일어난 6·6사

건으로 청년들의 씨가 말랐다. 사건 전후로 상당수가 붙잡혀 갔거나 도피했다. 그럼에도 불구하고 하루가 멀다 하고 찾아오는 경찰과 우익단체원 들의 발자국 소리는 점점 커졌다.

일렁이는 바다

"5·10 선거가 성공하면 이 땅에 반쪽 정부가 들어서게 됩니다. 어떻게 해방된 땅인데 반쪽 정부를 받아들여야 합니까. 우리는 결사적으로 선거를 반대해야 합니다. 경찰과 서청이 우리에게 가하는 행태를 보십시오. 얼마나 우리에게 모멸감을 주고 있습니까. 경찰과 서청, 우익단체원 들을 처단하고 반쪽짜리 정부를 반대합시다. 국토 양단을 반대합시다."

산사람들은 밤이 되면 마을로 내려와 5·10 선거 반대의 당위성을 연일 쏟아냈다. 그들은 또 경찰과 서청의 악행을 고발하며 다녔다. 채 선생은 단선·단정 반대의 당위성을 인정했다.

"마을에서는 극우성향이 아닌 사람을 빼고는 솔직히 처음에는 환영하는 분위기였소. 나중에 워낙 주변에 대한 탄압이 심하고, 산에 간 사람들을 도피자라고 해서 그 가족들을 죽이고 하니까 뭐라고들 했지, 처음에는 대부분 옳다고 생각했소. 해방된 땅에 민족을 나눈다는 단선·단정을 찬성할 리가 없잖소. 더군다나 1947년 3·1절 발포사건 이후에 우리가 얼마나 당했소. 경찰이나 서청의 횡포가 오죽했소. 거기에 대한 반감에 단선·단정을 반대한다는 구호를 내걸고 제주도 남로당이 일으킨 것이 4·3사건이다, 난 그렇게 생각해."

하지만 그때 처한 상황은 채 선생으로 하여금 드러내놓고 나서지 못하게 했다. 무엇보다 아내와 아이의 안위가 걱정이라 산사람들이 내려와서 만나자고 해도 피했다.

"산에서는 자꾸 나를 찾는데 혹시라도 나를 데려간다면 가지 않겠다고 저항이라도 할 수 있겠소? 그렇다고 마을에 눌러앉으면 경찰과 서청이 매일같이 달려들어 온갖 흠을 잡아 이러지도 저러지도 못하는 처지에 놓여 있었소. 경헌디 운명이라는 게 있는 거야. 요즘 들어 부쩍 그런 생각이 든단 말이오. 우연한 기회에 마주친 그 사람들

때문에 내 운명도 엉클어졌지.”

창밖을 바라보던 채 선생의 떨리는 듯한 입술을 보던 나
는 아무런 말을 하지 않았다. 기억의 저편을 헤매고 있는 듯
했다.

*

6·6사건 이후 경찰과 서청의 시달림을 받아온 마을 주민
들은 이들의 환심을 사기 위해서라도 자체적으로 마을을 지
키자고 논의했다.

“이러다가 남아 있는 우리까지 큰일나커라. 군인, 경찰,
서청 할 것 없이 다들 마을을 들쑤시고 다니는 거 볼 때마
다 가슴이 덜컥덜컥 내려 앉암서. 언제 무슨 일을 당할지
모르커라. 우리 마을만 특히 주목하고 있는 것 같아.”
“우리만이 아니라 가족들한테도 무슨 일 남직허여. 하루
도 맘 편한 날이 어서.”
“맞수다. 바당에도 가지 못허고 밭디도 못 가쿠다.”

공회당에 모인 마을 사람들은 근심 어린 표정으로 대책
마련에 전전긍긍이었다. 뾰족한 수가 없었다. 그러다 나온 게

경비대를 조직하는 것이었다.

"아무 일이라도 해보게 마씸. 우리라도 그놈들 비위를 맞춰야지 경 안허민 큰일 날 거 담수다. 우리가 먼저 성의를 보이게 마씸."
"경비대라도 자체적으로 조직행 우리끼리 경비서는 건 어떵헐건고 예?"
"그게 좋으켜. 우리끼리 조를 짜서 보초 서다가 산에서 누가 내려오면 바로 신고하도록 허게."

주민들은 자발적으로 경비대 결성에 나섰다. 마을에 남은 청장년들을 중심으로 1개조에 15명 정도씩 4개조로 경비대를 편성해 마을 안 네 곳에 야간 보초를 서기로 했다. 보초를 서다가 산사람들이 오거나 인기척이라도 나면 즉시 보고하도록 했다. 채 선생도 그 속에 있었다.

생각해보면, 인간의 운명은 한 치 앞도 알 수가 없다는 말은 맞았다.

1948년 11월 18일 밤. 길게 뻗은 소 모양의 섬, 우도 등 위로 달이 떠올랐다. 음력 보름이 사흘 지난 날이었다. 달이 떠오르자 사방이 밝았다. 밤바다의 잔물결이 달빛에 부딪혀 일렁였다. 우도의 초가 불빛들도 마을 청년들의 심란한 마음처럼 흔들거렸다. 가끔 개 짖는 소리가 달빛 아래 퍼져나갔다. 밤 기온이 오슬오슬 쌀쌀해지고 있었다. 그해 겨울 전에 없이 많은 눈이 내릴 전조처럼.

바다에서 불어오는 바람은 소금밭을 지나 올레의 팽나무를 흔들어놓더니 마을을 쓸고 지나갔다. 평소 같으면 친구네 집에 모여 앉아 한가로운 시간을 보낼 만한 날씨였고, 평화로운 밤바다였겠다. 이날의 상황은 달랐다. 경비대를 조직한 첫날이었다. 경비대 간부를 맡은 채진규는 일행과 함께 그날 밤 10시 조금 넘어 청년들의 근무를 점검하기 위해 담당 구역 순찰에 나서 올레에 접어들었다. 그때, 그의 운명을 바꾼 사건이 일어났다.

소금밭 부근에 숨어 있던 산사람들이 그를 보자 달려들어 포위했다. 산에서 내려온 사람들 가운데는 그와 평소 가깝게 지내던 이들도 있었다. 채진규가 산사람들에게 포위됐다는 소식을 듣고 보초를 서던 주민들이 사방에서 '와아!' 하고 몰려들었다. 한밤중 밝은 달빛에 사람들의 움직임과 얼굴이 선명하게 보였다. 불빛이 보이더니 갑자기 '팡' 터지는 소리가 났다. 난데없는 폭발 소리가 달빛에 잠든 마을을 찢어놓았다. 쇳조각에 화약을 싸서 조잡하게 만든 사제폭탄이었지만 폭발 소리는 컸다.

"폭탄, 폭탄이다!"

폭음에 놀란 마을 주민들이 혼비백산 달아났다. 몇몇이 붙잡혔다. 채진규도 끝내 붙잡혔다.

*

채 선생이 말을 이어가는데 급한 마음에 그의 말을 끊고 끼어들었다. 기자들은 가끔 상대방의 입장을 고려하지 않고 직접적으로 묻기도 한다. 그러다가 곤욕을 치르기도 하지만 마감 시간에 쫓기는 기자들은 그런 일에 익숙하다. 나라고 채 선생의 입장을 모를 리 없다. 그래도 마음이 급했다.

"산사람은 몇 명이나 내려왔었습니까? 무기는 어떤 것을 갖고 있었습니까? 위협적이었습니까?"

채 선생은 잠깐 나를 쳐다보며 숨을 고르더니 말을 이었다.

"산에서 내려온 산사람 숫자는 많지 않았소. 한 5~6명 정도 되나마나 할 거요. 무기라고 해도 별거 없었소. 나중에 내가 잡혀갈 때 보니까 하도학교 동창 강하용이 일본도를 하나 가진 것 말고는 죽창뿐이었으니까. 그만큼 그 사람들이 가진 무기라고는 빈약했단 말이오. 산사람들이 내려왔다는 사실을 미리 알았더라면 도망가지 않았을 거요. 그런데 밤중에 갑자기 산사람들이 덮치니까 나도 모르게 덜컥 겁이 나서 도망가게 된 거요. 소금밭 쪽으로 200여 미터 정도를 뛰는데 뒤에서 무엇인가가 날아왔소.”

*

그는 뛰다가 앞으로 고꾸라졌다. 누군가 던진 죽창이 바지를 뚫고 종아리를 찔렀다. 신발도 어디로 갔는지 찾을 생각도 나지 않았다. 다시 일어서서 맨발로 내달렸지만 힘에 부쳐 금세 붙잡혔다. 뒤에서 자신을 부르는 낯익은 목소리가 들렸다. 고개가 먼저 돌아갔다. 하용이었다.

“진규야! 나여. 하용이여. 도망가지 안 해도 되는디 무사 도망감나?”
”하용이?”
“어. 나라. 하용이.”

절뚝거리며 신발을 찾아 신고는 방금 전 뛰었던 길을 되돌아왔다. 동네 청년 네 명도 도망가지 못한 채 폭탄이 터진 그 자리에 그대로 서 있었다. 산에서 내려온 사람들이 숨을 몰아쉬며 먼저 말을 꺼냈다.

　　"오늘 밤 같이들 올라가게."
　　"어?"
　　"예?"
　　"진규야, 너 여기서 살아지카부덴? 못산다. 저놈들이 그
냥 놔두커냐? 고치 산으로 가게. 저놈들하고 싸와사 우리
가 산다. 언제까지 저놈들이 패악질하는 걸 보멍 살거냐.
우리가 이겨사 평화가 온다."

　　강하용이 입산을 재촉했다. 하도학교 다닐 때 공부도 잘
했고, 똑똑했던 친구다. 채진규는 잔뜩 긴장했다. 산에서 내려
온 이들도 긴장하기는 마찬가지였다. 꼼짝없이 붙잡힌 그에
게 산사람들의 말은 사실상 협박처럼 들렸다. 마을의 다른 청
년들에게도 마찬가지였다. 그 가운데는 서청과 경찰의 억압
으로 더이상 마을에서 살 수 없을 듯해 내심 산으로 가려 한
이들도 있었다.

　　　*

　　"산에는 그렇게 해서 올라가게 된 거요. 여기저기 취재

일렁이는 바다
·
137

다녀보니까 잘 알지 않소. 납치입산이라는 거 말이야. 내가 그리 됐단 말이요. 자의적으로 올라간 게 아니야. 그 사람들의 뜻에 동조는 했지만 자의적으로 올라갈 이유가 없었소. 생각해보시오. 처자식이 집에 있는데 내가 올라가면 경찰이나 서청이 그냥 두겠소? 뻔한 일이 아니요. 그리고 아이들 가르치느라 바쁜 날들을 보내고 있었단 말이요. 자의적으로 올라갈 이유가 전혀 없었소! 전혀!"

자의적으로 올라가지 않았다고 거듭 말하는 채 선생의 목소리가 날카롭게 방안에 울렸다. 표정도 경직됐다. 그의 말을 듣기만 했다. 사실, 그의 인생을 송두리째 바꾸어놓은 그날 밤의 기억은 밤마다 그를 불면의 시간으로 몰아세웠다. 그날을 생각하면 자다가도 저절로 눈이 떠진다.

'왜 하필이면 내가 그 시간에 거기 있었지? 집에서 꾸물거리다 나갔으면 그런 일을 당하지 않았을 텐데…….'

가끔은 누워 멀거니 천장을 바라봐도, 애써 잠을 자려고 가로누워 눈을 붙여도 그때의 일이 머릿속을 맴돌았다. 순찰만 나가지 않았어도, 시간이 지체되기만 했어도 그런 일은 일어나지 않았을지도 모른다. 그러나 우연과 우연의 만남은 인생의 그물을 얽어놓았다. 그것은 고통스러운 기억이었고, 평생을 따라다닌 트라우마였다. 혼자 바닷가를 산책하거나 지미봉을 오를 때도, 담배를 물고 먼 산을 바라볼 때도 그 기억은 언제나 그와 함께했다. 달이 밝게 뜬 날이면 뒷동산에 올라 빌레밭 사이를 왔다갔다 했다. 그렇게 하다보면 어느새 새벽 여명이 다가와 있곤 했다.

*

늦가을 달빛에 좁은 돌투성이 흙길을 걷는 사람들이 또렷하게 보였다. 죽창에 찔린 종아리에서는 피가 흐르고 자꾸만 돌부리에 차였다. 달은 높이 떠 죽창을 든 이들과 그들을 따라가는 청년들을 비췄다. 다들 근심 어린 표정이었지만 서로 말을 하지 않았다. 어디로 가는지도 몰랐다. 그림자가 그림자를 밟고 지나갔다. 돌담 사이로 난 산길의 수풀이 옷을 스쳤다. 돌부리에 발이 휘청거렸다.

'우리를 어디로 데려가는 거지? 집에 산으로 간다고 연락할 수 없을까? 내가 살아 있다고 연락할 수 없을까? 설마 죽이지는 않겠지.'

한 치 앞도 보이지 않았다. 같이 가는 청년들도 혹시나

무슨 일을 당하는 건 아닌지 불안한 눈치였지만, 서로 말을 하지는 않았다. 채진규도 두려움을 느끼기는 마찬가지였다. 앞이 제대로 보이지 않는 어두운 산길만큼이나 앞으로의 운명도 불투명했다. 막막한 심정이 어둠만큼이나 깊었다.

*

그날 마을에서는 채진규를 포함해 열 명 가까이 산에 올랐다. 그들 머릿속에는 온갖 상념이 나타났다 사라졌을 것이다. 집안일을 걱정하고, 내일 해야 할 밭일을 걱정하며 오른 이들도 있었으리라.

입산한 이들의 심정을 떠올려보곤 한다. 며칠만 견디면 사태가 잠잠해져 내려올 수 있다는 말에 입산한 이들도 있었을 것이다. 어쩔 수 없이 산사람들의 강요로 끌려간 이들이나 불의한 세상에 맞서지 않으면 살 수 없다고 입산한 이들도 있을 것이다. 자의적으로 오르지 않았다고 강조하는 채 선생의 속마음은 과연 어떤 것이었을까 생각해본다.

*

청년들이 입산한 뒤 마을은 더 주목받았다. 간밤에 마을에서 청년들이 입산했다는 소식을 들은 군인들이 날이 밝기가 무섭게 마을에 들이닥쳤다. 지난 해 일어난 6·6사건 이후 군·경이나 서청은 그렇지 않아도 마을을 주목하고 있었다. 그랬던 이들의 눈에 납치를 당했거나 자발적으로 올라갔거나 큰 차이가 없었다. 산에 올라간 건 같았고, 입산자는 모두 폭도였다.

주민들이 산사람들과 내통하고 있다고 간주한 군인들은 마을에 나타나자마자 남녀를 가리지 않고 보이는 대로 난사했다. 그들의 눈빛이 가는 곳에 총구가 불을 뿜었다. 아무 이유도 없이 희생됐다. 30대 중반 주민은 전날 밤 채진규 일행과 함께 있다가 산사람들이 나타나자 피신해 목숨을 건진 듯했으나 그것도 잠시, 날이 밝아 집으로 돌아오는 길에 군인들에게 발각당해 숨졌다.

입산이라고 해서 한라산 깊숙한 곳까지 들어가는 것도 아니었다. 산사람들과 함께 밤중에 입산한 이들은 다랑쉬오름 근처 숲속으로 숨어들었고, 다랑쉬굴에서 생활하기도 했다. 지대가 높은 다랑쉬오름 부근에서는 마을이 보였다. 마을에서 그리 먼 거리도 아니다.

*

가끔 종달리에 가면 다랑쉬오름으로 가는 중산간 도로를 따라 운전한다. 천천히 운전해도 20분이 채 걸리지 않는다. 고작 그만큼의 거리가 휴전선으로 가로막힌 남과 북의 거리만큼이나 멀었다. 그곳에 가는 게 입산이었다.

"입산한 다음에는 어떻게 됐습니까?"
"산에서 전전하기 시작했소. 종달리로 내려오려면 내려올 수도 있었는데, 산에 들어간 지 2~3일 뒤에 보니까 우리들이 살던 집들을 불태워버렸소."
"누구네 집을 말입니까?"
"경찰이 마을에 들어와 산에 간 사람들 집을 불태워버렸다고. 거리가 얼마 멀지 않으니까 산에서 다 알 수 있소. 높은 데 서면 마을이 훤하게 보여. 저기 불에 탄 집이 누구네 집이다, 짐작할 수가 있단 말이야."

*

다랑쉬오름 주변 수풀이 늦가을 끝물로 접어들었다. 호박잎 같은 투박하고 넓적한 잎에 노란 꽃을 피운 털머위도, 수풀 속에 점점이 노란색 얼굴을 내민 채 바람결에 가늘게 떠는 산국도, 알아주는 이 없이 피었던 며느리밥풀꽃도 힘을 잃어가고 있었다. 주변에서 끼니를 준비하던 사람들 모두 마을 쪽으로 돌아봤다.

지미봉 주변이 붉게 타오르고 있었다. 그 모습을 바라보던 마을 사람 중에는 안절부절 못하는 이도 있었고, 소리 없이 손등으로 눈가를 훔치는 이도 있었다. 경찰이 마을에 들어와 산에 오른 사람들의 집을 불태우고 있었다. 마을 사람들이 불 타는 집들을 바라보며 우왕좌왕하는 것 같았다. 입산한 이들도 길을 잃어버렸다. 채진규는 순간 전류에 감전된 듯 그 자리에 멈춰버렸다. 온몸이 떨렸다. 속으로는 조바심을 냈지만 짐짓 태연한 척했다. 기회를 틈타 마을로 내려가려던 그는 생각을 접었다.

'집까지 불태워버리는데 내려가면 무사할 리가 있나. 납치입산했다는 말을 믿지 않을 거고, 그냥 두지도 않겠지. 날 죽이려 들 거야.'

아내와 아기가 어떻게 됐는지 궁금해서 견딜 수 없었다. 머릿속은 온통 그 생각뿐이었다. 아기만이라도 무사해야 할 텐데……. 채진규의 마음은 심하게 헝클어졌다.

*

"불 타는 걸 보고 있으니 상당히 심란했겠네요."
"심란하다뿐이겠소? 아기는 무사할까? 아내는? 부모님은? 내가 올라오고 싶어서 올라간 게 아니잖소. 그때부터

나도 생각이 조금씩 달라지기 시작한 거요. 가면 죽을 거
다, 하는 생각이 들었단 말이요.”

채 선생이 허허롭게 인기척 없는 창밖을 내다봤다. 그의
눈빛은 그때로 돌아간 듯했다. 바람이 마당을 쓸고 간 자리에
는 낙엽이 나뒹굴었다.

*

입산한 날부터 고된 피난 생활이 시작됐다. 까칠까칠한
길가의 멩게낭(청미래덩굴) 줄기에 자꾸 옷이 걸렸다. 들판에는
이슬을 머금은 하얀 잎에 빨간색 꽃을 단 계요등과 보라색 꽃
이 핀 이질풀이 흐드러지게 피어난 억새와 조화를 이루었다.

채 선생이 납치 입산한 것은 초토화가 본격화하기 시작
한 때였다. 그가 입산하기 전날인 1948년 11월 17일, 대통령
이승만은 제주도에 계엄령을 선포했다. 계엄령은 학살을 정
당화했다. 불태우고, 빼앗고, 학살하는 것. 섬사람들을 상대로
한 살육과 방화는 그 전부터 벌어졌지만, 계엄령 선포는 잔학
행위를 더욱 부채질하는 수단이었다.

그로부터 꼭 한 달 전인 10월 17일에는 제9연대장 소령
송요찬이 해안선으로부터 5킬로미터 밖 내륙 지역 통행을 금
지하고 위반자는 이유 여하를 불구하고 ‘폭도배’로 인정해 총

살에 처하겠다는 포고령을 발표했다.

"본도의 치안을 파괴하고 양민의 안주를 위협하여 국권 침범을 기도하는 일부 불순분자에 대하여 군은 정부의 최고 지령을 봉지하여 차등 매국적 행동에 단호 철추를 가하여 본도의 영원한 평화를 유지하며 민족 만대의 영화와 안전의 대업을 수행할 임무를 가지고 군은 극렬분자를 철저 숙청코자 하니 도민의 적극적이며 희생적인 협조를 요망하는 바이다.
군은 한나산 일대에 잠복하여 천인공노할 만행을 감행하는 매국 극렬분자를 소탕하기 위하여 10월 20일 이후 군 행동 종료 기간 중 전도 해안선부터 5키로 이외 지점 및 산악지대의 무허가 통행금지를 포고함.
만일 차 포고에 위반하는 자에 대하여서는 그 이유 여하를 불구하고 폭도배로 인정하여 총살에 처할 것임.
특수한 용무로 산악지대 통행을 필요로 하는 자는 그 청원에 의하여 군 발행 특별통행증을 교부하여 그 안전을 보증함." _ 『현대일보』, 1948. 10. 20.

제주도는 더욱 붉게 물들어갔다. 온 산야가 비명으로 뒤덮였다. 군·경과 서청은 곳곳에서 학살을 서슴지 않았다. 마을이 하나둘 사라졌다. 세상이 붉은색이었고, 세상이 암흑이었다. 이들은 자신들이 마을에 불을 지른 뒤 폭도들의 소행이라고 둘러댔다. 반인륜적 패륜 행위가 곳곳에서 자행된다는 소문도 바람을 타고 떠돌았다. 다랑쉬오름 부근에도 토벌대가 수시로 들락거렸다. 근방에 몸을 숨기던 이들은 토벌대가 올라오는 낌새가 보이면 수풀이 우거진 곶자왈이나 좀체 찾기 어려운 굴로 숨어 들어가는 생활을 반복했다.

*

1949년 12월 3일. 초승달이 어스름하게 떴다가 사라진 깊은 밤 산부대가 종달리를 습격했다. 훗날 이 사건은 공회당에서 주민들이 희생당했다고 해서 '공회당 사건'으로 불렸다. 공회당으로 주민들을 불러낸 산부대는 군이나 경찰, 서청에 협조했다고 생각하는 이들을 찾아냈다. 그들 가운데는 그렇지 않은 이들도 있었다. 몇 시간 뒤 또 다른 산부대가 인근 세화리를 습격했다. 날짜는 12월 4일로 바뀌어 있었다. 종달리와 세화리를 거의 동시에 습격한 것이었다.

종달리와 세화리 습격 직전인 12월 3일 밤 산부대가 송당리 지경 중산간 장터에 집결했다. 그런 곳에 피난민들은 함부로 갈 수 없었다. 장터 뒤에는 대왓(대나무가 자라는 밭)이 있고 사람이 떠나버린 두세 가구 정도의 초가만 앙상하게 있었다.

산부대 전체가 장터에 집결한 것처럼 보일 정도로 인원이 많았다. 채진규는 그 장면을 몰래 대왓에 숨어서 봤다. 누군가 산부대 앞에서 열변을 토하며 연설하는 모습이 보였다. 총기를 가진 사람들도 있었지만 많지는 않았고, 주로 철창을 갖고 있었다. 머리칼이 곤두섰다.

'마을을 습격하려고 하는구나.'

숨을 삼켰다. 채진규는 세화리를 습격한 산부대로 구좌면당 특행대가 전부 동원됐다고 들었다. 종달리 습격은 나중에 알았다. 산부대 습격으로 세화리에서는 48명에 이르는 주민이 희생되고, 150여 채에 이르는 집이 불에 탔다. 경찰과 서청의 폭압에 맞서 일어섰던 이들이 두고두고 비판을 받게 되는 사건이었다.

마을을 습격한 산부대가 철수했다. 그것으로 끝이 아니었다. 마을은 산사람들과 토벌대 사이에서 신음했다. 그 밤이 끝나기도 전인 12월 4일 이른 새벽, 이번에는 경찰이 종달리 마을에 나타났다. 그들의 눈은 충혈되어 있었다. 보복의 대상은 산사람들이 아니라 그들의 가족이었다. 굶주린 이리떼마냥 날뛰며 산에 올라간 이들의 남아 있는 가족들을 찾아냈다.

채진규의 가족도 예외일 리 없었다. 납치 입산한 뒤 남은 가족은 도피자 가족으로 몰렸다. 아버지와 어머니, 그리고 아내는 수시로 세화지서에 끌려가 심하게 고문을 받았다. 산부대가 종달리를 습격한 다음 날, 아내가 희생됐다. 해방되던 해에 결혼한 아내는 한 살 위였다. 경찰은 그날 하도리 친정에 있던 아내를 하도리 공회당 앞으로 끌고 가 총살했다. 아내의 품에 있던 세 살배기 아들은 아내가 총에 맞아 쓰러질 때 땅에 떨어졌다. 충격으로 시름시름 앓던 아들은 이듬해 5월 10일 숨졌다.

아직 마을에 성담을 쌓지 않았고, 주민들이 경비도 서지 않을 때였다. 가족을 만나러 살며시 산에서 내려와 마을을 왕래하는 사람들도 있었다. 그들을 통해 자연스럽게 마을 소식을 듣곤 했다. 채진규는 아내가 죽었다는 소식만 들었을 뿐 자세한 경위를 알지 못했다. 이듬해 산에서 내려온 뒤 아내가 죽는 현장을 목격한 조카로부터 친정에 있다가 숨진 아내의 마지막 모습을 들었다.

눈에서는 피눈물이 났지만 불가항력이었다. 분노가 솟구쳤지만 할 수 있는 일이 없었다. 침묵할 수밖에 없었다. 마음 속 깊은 곳에 분노를 꾹꾹 담았다. 한 입산자는 부모와 형제 등 모두 다섯 명이 산부대의 습격 다음 날 한꺼번에 죽었노라 했다. 가족이 절멸했다고 했다. 그러나 채진규에게 그것은 어디까지나 남의 일이었다. 그의 머리에는 오직 아내와 아기의 모습만 어른거렸다. 가정을 이루고 밤낮으로 아이들을 가르친 인생의 찬란했던 순간은 어느덧 꿈이었다. 살아야 할 이유가 있을까, 삶의 이유는 무엇인가. 며칠 동안 이 끝없는 물음이 채진규의 머리에 맴돌았다.

가족 중 누구라도 산에 오르면 남은 이들은 도피자 가족이 된다. 투쟁을 하러 가거나 피난을 하러 가거나 차이가 없었다. 식구가 다섯 명이면 다섯 명, 열 명이면 열 명 모두 다 있어야 한다. 한 사람이라도 없으면 나머지 식구들은 모두 다 도피자 가족으로 규정됐다.

군·경이나 우익 청년단체가 도피자 가족으로 규정하면 이들은 여지없이 빨갱이 가족 또는 폭도 가족이 되었고, 산사람들과 내통할 개연성이 있다는 이유를 들어 집단으로 수용되거나 없어져야 할 존재가 됐다.

산부대의 습격 직후 이들에 대한 보복 학살이 곳곳에서 자행됐다. 세화지서 앞 수용소에 있던 이들은 연두망동산으로 끌려갔다.

연두망동산은 1932년 해녀투쟁의 진앙지였다. 수탈과 착취에 맞서 구좌 지역 해녀들이 들고 일어섰던 장소가 16년 뒤에 학살터로 바뀔 줄 누가 알았겠는가. 모래사장이었던 그곳에 구덩이를 판 뒤 도피자 가족으로 지목된 사람들을 몰아

넣고 총을 쏘았다. 이들 가운데 40대의 강종태가 있었다. 채 선생이 보기에 모든 죽음이 억울하고 애석하지만 그의 죽음은 더 애석했다. 일제 강점기 군속으로 남양군도에 갔다가 살아 돌아온 그는 성정이 곧은 사람이었다. 마을 유지라도 잘못하면 면전에 대고 불호령을 할 정도로 강직한 성격을 가진 마을 삼촌이었다. 매사에 열정적인 데다 언변도 뛰어났다. 3·1 사건 직후 제주도 내 유지들과 함께 이승만을 절대 지지한다는 탄원서를 하지 사령관에게 보냈던 그다. 학살의 시간, 마지막을 예감한 강종태는 순경들에게 매달려 무릎을 꿇고 빌고 빌었다.

"아들만 살려주시오. 나는 죽어도 좋으니 아들만은 제발 살려주시오. 제발. 이렇게 빕니다."

그의 아들은 채진규의 4년 후배였다. 그가 장가갈 때 채진규는 집사 역할을 맡기도 해서 더 각별했다. 그러나 그들에게 애당초 연민은 보이지 않았다. 아버지와 아들은 같은 날 같은 장소에서 비명 속에 운명을 같이했다. 지인을 하룻밤 숨겨줬다는 게 이유였다. 그 지인 역시 그날 그 장소에서 그들과 함께였다. 죄가 있고 없고는 법이 정하는 게 아니었다. 삶과 죽음을 결정하는 것은 오직 이들을 끌고 간 경찰의 총구에 있었다. 하늘의 뜻으로 알고 운명으로 받아들이기에는 너무나 무참했다. 그날 하루만에도 많은 주민이 도피자 가족으로 몰려 영원으로 갔다. 눈뜨고 보지 못할, 아비규환의 현장이었다.

주한미국육군사령부 정보참모부는 12월 8일 작성한 정보보고서에 그 무렵 제주도 상황을 이렇게 적었다.

“경비대는 폭도 소탕 작전을 계속했다. 12월 3일부터 6일 사이에 폭도 105명을 사살하고, 40명을 생포했다.”

*

이야기를 풀어놓던 채 선생의 손이 떨렸다. 나는 아무런 말을 할 수가 없었다. 옆에 있던 삼다수를 한 모금 들이켠 채 선생은 휴우, 하고 호흡을 가다듬었다. 목소리가 높아졌고, 나를 쳐다보는 눈빛은 흔들렸다. 트라우마가 되살아나는 듯했다. 인간은 돌이킬 수도 없는 불가항력의 일을 당하면 마음속 깊은 곳이 칼로 베인 듯 고통의 심연을 이룬다. 그 어떤 말도 위로가 될 수 없다. 시간이 약이라고 하지만 채 선생이 겪고 기억하는 그때 그 순간들은 과연 그럴 수 있는 일일까.

파들파들
눈이 내렸다

채진규는 입산 뒤 구좌면당 동부지구 피난민 수용소에서 생활했다. 납치 입산했거나 가족 가운데 누군가 좌익 활동을 했다는 이유로 군·경이나 우익단체의 주목을 받은 가족들, 그리고 다른 주민과의 사감 때문에 마을에 있으면 해코지를 당할 수 있다고 우려해 입산한 이들이 이곳에 수용됐다.

산사람들의 생활이 좋을 리 없었다. 마을에서 몰래 얻어온 식량으로 끼니를 해결했지만, 수시로 토벌대의 눈을 피해 이동해야 하는 고단한 나날이 이어졌다.

다랑쉬굴은 다랑쉬오름이 보이는 수풀 우거진 사이에 있어 눈에 잘 띄지 않았다. 굴 입구는 움푹 들어간 곳에 자리해 수풀에 가려져 보이지 않았다. 억새와 멩게낭, 이름을 알 수 없는 수풀로 뒤덮이고, 주변의 돌담 때문에 그곳 지형을 잘 아는 사람이 아니면 좀처럼 찾기 어렵다. 굴 입구에 서면 사방이 수풀로 둘러싸인 듯 움푹 들어간 형세다. 출입구도 한 사람이 겨우 기어다닐 정도의 크기여서 성인들이 곧잘 힘 자랑하는 데 쓰이는 듬돌 하나로 막으면 밖에서는 굴이 있는지조차 알 수 없다.

12월 13일 채진규는 피난민들과 함께 생활하던 다랑쉬굴에서 나왔다. 구좌면당 소속 이성락이 찾아와 면당부에서 부른다며 가자고 했다. 토벌에 쫓겨 근거지를 자주 옮겨 다닌 면당부는 그때 선흘곶에 있었다. 면당부가 선흘곶에 있다는 사실도 그제야 알았다. 밀림이나 다름없는 곶자왈 깊은 수풀 속에 허름한 천막 하나가 보였는데, 그곳이 면당부라고 했다.

좀처럼 토벌대가 접근할 수 없을 것 같았다. 낯익은 얼굴들이 보였다. 구좌면당부 당책 김경수를 만났다. 이름은 알고 있었지만 가깝게 지낸 적은 없는 그가 면책, 구좌면당 최고 책임자였다. 면당은 면당부로도 불렸고, 당책은 면책이라고도 했다. 곶자왈이 넓어 어디에 누가 있는지도 모른다. 선흘곶에는 이들만이 아니라 선흘곶 주변 선흘, 조천, 동복, 김녕 등 여러 마을 주민들이 곶자왈 곳곳에 숨어 피난생활을 이어갔다. 채진규는 김경수 일행과 선흘곶의 한 굴에 기거했다. 그리고 나흘이 지났다.

“내일은 저놈들의 대토벌이 있을 예정이니 피신하시오.”

　12월 17일, 깊은 밤중에 대토벌이 있을 것이라는 정보가 면당부에 입수됐다. 면당부 요원들은 각자 은신할 곳을 찾았다. 피난민들한테도 피신하라는 지시가 전달됐다. 선흘곶은 겨울철에도 원시림처럼 수풀이 무성한 데다 늘 푸른 활엽수림들로 뒤덮여 낮에도 햇빛이 잘 비치지 않았다. 빛과 그늘에 얼룩진 수풀 속에서 산사람들과 피난민들은 순식간에 굴을 찾아 숨어들었다.

　채진규가 숨어 들어간 굴에는 10여 명이 있었다. 곧게 펴진 굴이 아니라 이상하게 생긴 굴이었다. 굴 입구에서 200여 미터 정도 들어가자 다시 밑으로 내려갈 수 있게 된 2층 구조의 굴이었다. 입구는 한 사람이 겨우 들어갈 정도이고, 밑으로 내려가서 입구에 돌 하나만 덮어버리면 외부에서는 굴이 있는지조차 모를 굴이었다. 밖에는 한 사람이 망을 보았다. 끈에 돌을 매달아 굴 안쪽으로 늘어놓은 뒤 인기척이 나면 그 끈을 잡아당겨 신호를 보내도록 했다. 얼마나 시간이 흘렀을까. 갑자기 끈에 매단 돌멩이가 움직이더니 다급한 목소리가 울렸다.

“지금 토벌 올라왐수다!”

보초를 서던 이가 다급한 목소리로 말하며 굴 안으로 들어와 돌덩이로 입구를 막았다. 한밤중 숨어들어온 일행은 다음 날인 18일 어스름해질 무렵까지 굴속 깊은 곳에서 지냈다. 캄캄한 굴속에서 모두가 숨을 죽인 채 토벌대가 무사히 지나가기만을 기다렸다. 이날 토벌대는 경찰과 민간인 들을 총동원해 일정 간격을 두고 일렬로 세화리에서 다랑쉬오름을 거쳐 선흘곶까지 빗질하듯 휩쓸었다.

주민들은 행여 발각될까 끼니를 해결하는 것도 잊어버린 채 숨소리조차 내지 않았다. 새까만 어둠과 무거운 공기가 굴 안의 피난민들을 짓눌렀다. 얼마나 시간이 흘렀을까. 누군가가 살그머니 굴 입구를 통해 한참이나 밖을 내다봤다. 토벌대의 인기척이 없다고 알리자 채 선생과 피난민들은 그제야 한숨을 내쉬었다. 한 사람씩 차례로 밖으로 살금살금 기어나왔다.

밖은 어둑해졌고, 동백나무·종가시나무·후박나무와 여러 잡목이 어우러진 사이로 눈송이가 나풀거렸다. 토벌대는 산사람들이 숨어 있을 만한 곳이나 식량이 될 만한 것들은 모두 불태우면서 지나갔다. 목초에다 불을 붙여놓은 바람에 천지가 연기로 자욱했다. 사방천지가 왁왁하다는 말은 이런 때 쓰는 듯했다. 연기 때문에 거리가 얼마 멀지 않은 오름도 선명하게 보이지 않았다. 날씨는 흐리고 파들파들 눈이 내리고 있었다. 땅바닥에 조금씩 눈이 묻기 시작했다.

한라산은 이미 산 밑까지 하얗게 눈이 뒤덮였다. 1948년 무자년 그해 겨울, 제주사람들의 마음을 얼어붙게 할 정도로 많은 눈이 내렸다. 중산간 지역은 쌓인 눈 위에 또 쌓여 어른 무릎까지 빠질 정도였다. 무정하게 내리는 눈은 야속하기만 했다. 헐벗고 굶주린 제주사람들은 그 야속한 겨울을 눈 위에서 토끼눈을 한 채 쫓겨다녔다.

12월 18일. 아침부터 진눈깨비가 휘날렸고 날씨는 추웠다. 다랑쉬오름이나 아끈다랑쉬, 용눈이오름, 손지오름은 흩날리는 진눈깨비에 가려 수묵화 같은 풍경을 연출했다. 머리가 하얗게 센 것처럼 다 삭은 억새와 수풀에는 듬성듬성 눈이 내려앉아 있었다.

구좌면 청장년들과 경찰을 동원한 9연대 2대대는 다랑쉬굴 주변을 샅샅이 수색하며 대토벌에 나섰다. 산부대가 종달리와 세화리를 습격한 지 보름만이다. 연일 섬 전체에 토벌이 전개되었다. 제주섬은 말 그대로 초토화되어 갔다.

대토벌이 있다는 정보는 면당부에도 전날 밤 늦게 들어왔다. 그 때문에 다랑쉬굴 피난민들에게는 미처 전달되지 못했다. 그런 상태에서 다랑쉬굴이 발각됐다. 누군가 굴 밖으로 나왔다가 붙잡혔다. 그는 사시나무 떨듯 부들부들 떨었다. 주변으로 총을 든 군인과 경찰, 죽창을 든 민간인들이 몰려들었다.

"이 폭도를 당장 여기서 처단합시다."
"아니야. 이 굴속에 있는 놈들도 함께 잡아야 돼."

군인과 경찰 들은 곧 총을 쏠 자세를 취했고, 민간인들은 죽창을 찌를 태세였다. 피난민의 처리를 두고 옥신각신하던 중에 누군가 물었다.

"너 혼자 나왔어?"
"예."
"안에 몇 명이나 있어?"

쭈뼛거리자 지휘관인 듯한 군인이 그를 회유했다.

"너 혼자만 나오지 말고 들어가서 다 데리고 나오면 살려 주겠다. 안 그러면 죽어!"
"예. 데리고 나올 테니 제발 살려줍서."

굴 안으로 들어간 그는 다시 나오지 않았다. 굴 밖으로 다시 나가면 모두가 그 자리에서 죽으리라 생각했을 것이다.

토벌대가 총을 쏘고 수류탄을 던졌다. 용암이 흘러 단단하게 형성된 굴은 토벌대의 뜻처럼 쉽게 부서지지 않았다. 토벌대는 굴 입구 옆으로 파들어간 뒤 다이너마이트를 터뜨리려고 했지만 그것도 여의치 않았다. 겨울이어서 날이 빨리 어두워지고 있었다. 산부대가 언제 나타날지도 몰랐다. 토벌대는 주변의 마른 짚을 모아놓고 불을 붙였다.

토벌대가 휩쓸고 지나간 얼마 뒤, 아마도 오후 8시가 조금 지났을 무렵이었다. 면당부에서 채진규와 같은 마을 양찬종, 그리고 하도리의 고규식에게 다랑쉬굴 상황을 살펴보라는 지시가 내려왔다. 피난민들이 죽었으면 잘 정리하고 오라며 천을 준비해서 가라는 말도 덧붙였다. 그 말이 꺼림칙했다.

겨울밤은 일찍 찾아온다. 선흘곶의 밤은 더 일찍 찾아들었다. 다랑쉬굴까지는 10킬로미터가 넘는 길이었다. 길을 따라가서는 안 된다. 토벌대의 눈을 피해 겨울 숲을 헤치고 하천을 건너 눈에 띄지 않게 어둠 속을 걷는 일은 만만치 않았다. 토벌대가 언제 어디서 튀어나올지 모르는 두려움 속에 몸을 숙이고 발소리를 최대한 낮췄다. 돌부리에 걸리기도 하고, 나뭇가지에 걸려 넘어질 뻔하기도 했다.

오름들을 기준 삼아 사방을 두리번거리며 걷기를 세 시간 남짓, 자정이 다 될 무렵 다랑쉬굴 입구에 다다랐다. 어둠 속에서도 높이 솟은 다랑쉬오름과 그 옆의 아끈다랑쉬는 밤

하늘의 별자리만큼이나 나침반 구실을 했다. 주변에 열댓 가구가 모여 살던 다랑쉬마을은 이미 한 달여 전 토벌대에 의해 불에 타 폐허가 됐다.

굴 주변에는 탄피가 널려 있고, 매캐한 냄새가 진동했다. 큰 돌덩이로 막은 굴 입구에서는 타다 만 연기가 가느다랗게 새어나오고 있었다. 입구 옆으로 다가가자 파헤치다 만 흔적이 보였다. 굴을 발견한 토벌대가 주민들이 나오지 않자 입구를 넓히거나 다른 쪽을 파고 접근하려 했던 것으로 보였다.

채진규는 일행과 함께 바윗돌을 들어내고 타다 남은 풀을 치운 뒤 풀밭에 앉아 연기가 빠져나가기를 기다렸다. 20~30분 남짓 주변을 경계하며 앉아 있자 찬바람이 옷 속으로 스며들었다.

'다 죽었겠지…….'

연기가 조금씩 빠져나가자 일행은 최대한 몸을 낮추고 엉금엉금 기어 안으로 들어가기 시작했다. 횃불을 들었다. 하마터면 악, 하고 소리를 내지를 뻔했다. 돌 틈 사이로 죽어 있는 피난민들이 보였다. 채진규와 동료들은 짐작은 했지만 난생 처음 보는 광경에 머리칼이 번쩍 서는 듯했다. 누구도 입을 열지 못하고 눈을 돌렸다. 며칠 전까지만 해도 같이 생활하며 농담도 하고 집안 안부도 묻던 이웃들이 그곳에 있었다.

'침착하자, 침착하자.'

마음속으로 다 잡았지만, 눈은 떨렸다. 남자 여덟 명과 여자 세 명. 그들 틈에 남자 아이 하나도 눈에 띄었다. 채진규와 양찬종은 종달리 사람들을 가지런히 눕혔고, 같이 간 하도리 고규식은 하도리 사람들을 정리했다. 서로 아무런 말도 하지 않은 채 시신들을 서둘러 정리하고 선흘곶에서 출발할 때 준비해간 하얀 천을 머리에 덮었다.

굴 안의 시신들을 수습하고 나자 그제야 덜컥 겁이 났다. 아직도 주변에 토벌대가 숨어 있을 것 같다는 생각에 갑자기 공포심이 훅 밀려왔다. 토벌대가 습격해오면 그대로 당할 판이었다. 함께 있는 일행도 겁이 나기는 마찬가지였겠지만 달리 방법이 없었다. 밖으로 기어나왔다.

주변은 깊은 어둠에 빠져 있었다. 사방에서 어둠이 옥죄어오듯이 밀려왔다. 세상이 칠흑 속에 묻혔다. 하늘의 별들도 사라졌다. 캄캄한 하늘에서는 여전히 파들파들 눈이 내렸다.

*

그날 이후 다랑쉬굴 이야기는 한마디도 꺼내지 않았다.

채진규도 면당부로 불려가지 않았더라면 대토벌 때 이들과 함께 죽었을 것이다. 결국 면당부에서 호출해 그곳을 떠난 게 죽음을 피하게 된 셈이었다. 그도 대토벌 과정에서 다랑쉬굴에서 어떤 일이 일어났는지는 알 수 없었다. 그 의문은 이듬해 하산한 뒤 한참 있다가 토벌에 참여했던 마을 선배한테서 듣고 나서야 풀렸다.

"나가 다랑쉬굴 토벌 때 갔다왔주. 자네는 그때 어디 이서시냐?"

뜨끔했다. 다랑쉬굴에서 시신을 정리하고 나왔다고 말하면 곤욕을 치를 게 뻔했다. 채진규는 말끝을 얼버무렸다.

"난 다른디 이서수다."

마을 선배는 대토벌의 순간을 마치 어제의 일처럼 채진규에게 들려줬다.

"토벌대가 굴 안에 이신 사람들신디 나오랜 해서. 몇 번이나 나오랜 했주게. 경헌디 반응이 어신거라. 날도 어두워져 가는디 마냥 기다릴 수도 없고. 경허난 군인덜이 청년들신디 주변에 이신 풀덜을 가져오랜 했지. 겨울이난 풀덜이 몰랑 이실거 아니라게. 그 풀덜을 굴속에 꽉 집어 넣고 불을 붙여분거라. 풀덜이 잘 타서. 연기를 굴 안으로 막 들여보냈주. 한참 지나난 모두 죽어실거 아니라게. 그 다음에 입구 막앙 철수해불어서.”

다랑쉬굴의 유해가 발견되고 처음 채 선생을 만났을 때 굴 안의 참상을 들었지만 그 뒤 만날 때마다 그는 그동안 듣지 못했던 이야기를 조금씩 더 풀어냈다. 수십 년 동안이나 그날의 비밀을 누구에게도 털어내지 않은 그였다. 채 선생이 그날의 참상을 풀어내는 것은 봉인됐던 마음의 문을 여는 치유의 과정이기도 했다.

“굴 안에 있던 사람들이 귀·코에서 피를 흘리고, 여기저기 머리를 처박고 죽었더란 말이요! 고통을 참지 못해 머리는 바위틈에 박고, 어떤 사람은 살려고 손으로 흙을 팠던 행적도 있고, 또 어떤 사람은 손톱이 없을 정도로 땅을 파다 죽어 있더란 말이요! 그 불쌍한 어린 아이까지. 연기가 들어오니까 살려고 코를 흙 속에 묻은 거잖소. 얼마나 고통스럽고 못 견디면 그렇게 했겠소.”

천천히 목젖을 적신 채 선생의 입술이 파르르 떨렸고, 깊은 눈매는 촉촉했다. 나는 그의 얼굴을 쳐다보지 못하고 그저 방바닥을 손으로 문지르며 다음 말을 기다렸다.

"어떻게 그렇게 죽일 수 있냔 말이요. 아, 어떻게 그럴 수 있단 말이오? 정말이지, 그 참상을 이야기해도 곧이곧대로 이해하지 못할 것이요. 그들 가운데 총에 맞아 죽은 사람은 없고, 모두 질식사했더랬소. 이 사람들은 도피자 가족이거나 납치된 사람들이요. 소위 산사람들이 아니란 말이요!"

채 선생을 묵묵히 바라보기만 했다. 서로의 침묵이 고요히 흘렀다.

*

다랑쉬굴로 가는 길을 걸으며 그들을 떠올린다. 그들은 희생자일까. 희생이라는 말에는 보통 이유와 명분이 따라온다. 누군가를 위해 내어준 삶, 혹은 불가항력 앞에 서 받아들여진 죽음일 때 우리는 그 말을 쓴다. 그 이웃들이 그러했는가. 목적도 없었고, 사고도 아니었으며, 자연이 불러온 죽음도 아니었다. 그렇다면 이 죽음은 무엇이라 불러야 하는가.

다랑쉬굴의 그 이웃들, 4·3의 수많은 이웃들은 누구를 위해, 무엇을 위해 목숨을 잃어야 했던가. 그들의 죽음 앞에 '희생' 이라는 말은 너무 가볍지 않은가.

몇 년 전 집 안에 쌓아둔 4·3 관련 문서를 살펴보다 9연 대의 작전일지가 눈에 들어왔다. 오래전 미국에서 만난, 당시 제주도 주둔 미군 고문관으로부터 입수한 문서다. 먼 이국 땅 에서 빛이 바랜 노란색 갱지에 타이핑된 그 문서들을 처음 봤 을 때 얼마나 놀랐는지 모른다.

제주도에 주둔한 미군 고문관들은 날마다 9연대의 작전 결과를 통역관을 통해 영어로 보고 받고 이를 작성해 서울의 고문단사령부에 보고했다. A4 용지보다 작은 종이에 기록한 작전일지에는 일자와 대대, 작전지역과 사살자 수 및 노획품 등이 기록되어 있었다. 그 작전일지 속에서 12월 18일의 9연 대 작전 내용을 찾았다.

"2대대. 교래리 지경. 경찰·민간인과 합동작전.
130명 사살. 50명 생포.
노획품: 일제 99식 소총 1정, 99식 실탄 2발, 창 32개, 칼 40개, 담요 16장, 덮개 31장, 쌀 포대 247개, 취사용 그릇 10개, 사발 100개, 좌익서적."

토벌대 사상자는 없었다. 사살자 수는 130명이나 됐다. 그들이 노획한 총기류는 일본군들이 사용했던 소총 1정과 실탄 2발이 전부였다. 사살자 수와 노획한 무기 수의 커다란 차이는 당혹스럽기까지 했다. 도대체 이날 사살되거나 체포된 이들은 누구란 말인가. 다랑쉬굴의 그 이웃들도 그 속에 포함됐는가.

미군 정보보고서에 나왔듯이, 그것은 9연대가 채택한 '민간인 대량학살' 전략이었다. 그날 제주 동부지역 중산간에는 소총과 죽창을 든 토벌대가 굶주린 이리떼처럼 피난민들을 뒤쫓았다. 그해 겨울의 산야는 하얀지 붉은지 분간할 수 없었다.

서리 얹은 거무튀튀한 한라산을 볼 때마다 그 속에 숨어들었던 이들이 떠오른다.

'오늘은 잡히지 않을까. 오늘은 먹을 게 있을까.'

한라산 수풀 속 발이 푹푹 빠지는 눈밭에서 두려움에 질린 채 허둥대는 사람들이 그려진다.

암흑의 바다 건너

밀항. 검푸른 바다를 건넜다. 새까만 어둠. 헤쳐 나갈 수 없을 것 같은 어둠을 건넜다. 삶과 죽음이 바다 위에 뜬 작은 배 안에 있다.

중동과 아프리카 난민들이 지중해를 건너다 조난을 당하고 수장됐다는 기사를 읽을 때마다 이런 그림이 그려진다. 떠오르는 건 먼 나라의 이야기만은 아니다.

1947년 3·1사건 이후 검거의 광풍이 온 섬에 불어닥치던 시기, 살기 위해 제주를 떠나 일본으로 밀항하다 희생당한 제주 사람들이 떠오른다.

"제주를 떠나 일본으로 향하던 밀항선이 일본 대마도 근처에 이르러서 황파荒波에 몰려서 파선되어 승객 40여 명 중 20여 명이 사망하였다는 슬픈 소식이 전해지고 있다. 동 밀항선은 거월去月 15일경 함덕항을 떠나 일로一路 일본으로 향하던 중 20일경 대마도 근해에 이르자 불행히도 대풍파에 조우遭遇하여 동선은 여지없이 파선되고 말아 일순에 20여 명의 귀貴여운 생명은 바다의 조설藻屑로 사라지고 말았다 한다.”_『제주신보』, 1947. 5. 24.

1947년 4월 15일. 조천면 함덕포구를 떠난 밀항선이 닷새 뒤 대마도 근처에 이르러 거센 파도를 만나 절반은 일본 땅을 밟지 못한 채 영원으로 갔다. 폭풍우를 만난 배는 파도에 사정없이 흔들리다 산산조각 났다. 3·1사건과 민·관 총파업 직후다. 그들은 누구일까. 그들은 왜 밀항하려 했을까. 바닷속에 가라앉은 이들이 누구인지 알 수 없다.

*

“일본 도쿄에 있는 재일동포를 취재해보는 건 어때? 4·3을 경험한 재일동포들을 본격적으로 취재한 적은 없지 않나?”

평소 친하게 지내는 선배가 저녁 자리에서 물었다.

"없습니다. 안 그래도 내년 70주년을 앞두고 취재하러 가고 싶은데 언제 갈까 망설이고 있어요. 제주도에 온 재일동포 몇 분을 취재한 경험은 있지만, 일본에서 본격적으로 4·3으로 떠난 동포들을 채록하고 취재한 적은 없어요."

"생각날 때 갔다 오는 게 좋지 않을까? 같이 가자. 나도 연구하고, 자네도 더 늦어지면 만나고 싶어도 만나지 못할 수 있잖아."

2017년 12월, 선배와 함께 일본 도쿄행 비행기에 올랐다. 비행기는 눈 덮인 백록담 상공을 날았다. 백설의 저 산 속에서 헤매었을 제주사람들을 생각했다.

오랜만에 찾은 도쿄는 대도시답게 인파로 북적였다. 일본 국회도서관에 자료를 찾으러 간 적은 있지만 재일동포를 취재하는 건 처음이었다.

제주 출신 재일동포들이 많이 사는 우에노의 한 호텔에 숙소를 정했다. 주변은 한산했다. 퇴색한 도시의 느낌이었다. 짐을 대충 풀고 선배와 함께 우에노의 미로 같은 골목길을 찾아 들어간 조그만 이자카야에서 기린과 아사히 생맥주를 주

문했다. 생맥주의 맛을 음미하며 면담 순서와 질문 내용들을 확인해갔다. 그러다 문득 기린 생맥주를 보며 다랑쉬굴에서 봤던 '기린'キリン이라는 일본어로 적힌 병 조각을 떠올렸다.

"다랑쉬굴에서 나온 기린 병 조각도 이 기린이겠지요?"
"그렇겠지. 기린 맥주가 1800년대 후반부터 나왔다고 하니까 같은 회사가 맞을 거야."
"그렇다면 우리가 마시고 있는 기린도 4·3과 연결되고, 과거와 현재를 연결시켜주는 거네요."

어설프게 갖다 붙이자 선배가 호탕하게 웃으며 맞장구를 쳤다. 나는 우연히 알게 된 재일동포 이재동에게 전화를 걸었다.

"4·3사건을 취재하러 제주도에서 왔는데 한번 만나 뵙고 싶습니다."
"아, 그래요? 좋습니다."
"주소를 알려주시면 집으로 찾아가겠습니다."
"아닙니다. 밖에서 만나는 게 편하지 않을까요? 내일 우에노 근처 커피숍에서 만나시지요."

그는 흔쾌히 만나겠다며 약속 장소를 알려주고 전화를 끊었다.

이튿날인 2017년 12월 19일 오후 우에노 게이세이우에노역京成上野駅에서 걸어서 10분이 채 걸리지 않는 우에노마루이上野マルイ 백화점 내 2층 커피숍에서 그를 기다렸다. 백화점은 쇼핑객으로 번잡했다. 아메리카노를 주문했다. 커피믹스에서 크림과 설탕을 뺀 듯한 커피가 나왔다. 일본인들이 마시는 아메리카노는 다르구나 생각하며 창밖을 보는 사이 가죽 손가방을 오른쪽 손에 든 그가 나타났다. 사람 좋게 보이는 미소를 띠며 소파에 앉아 명함을 건넸다. 명함을 받아들고 다시 한번 그를 쳐다봤다.

"명함 때문에 그렇지요?"
"예. 제가 잘못 알고 있었나요?"
"아니요. 맞습니다."
"이 선생님으로 알고 있는데……."
"네. 이씨인데 여기서는 양씨로 통합니다. 명함도 양재동입니다. 하하."

양재동, 아니 이재동은 일본에서 태어나고 자랐는데도 한국어를 잘했다. 발음이 조금 어눌하긴 했지만 대화에 불편을 느끼지 못했다. 아버지의 권유로 민족학교에 다닌 덕분이라고 했다. 쉰아홉의 그가 자란 도쿄 아라카와荒川 구 미카와시마三河島에는 제주도 사람들이 모여 살았다.

"초등학교 중학교 모두 95퍼센트 이상의 학생이 제주도 아이들이었어요. 부모가 제주도 출신인 거죠. 어머니 아버지가 제주도 사람이니까 집에서는 제주도 말만 사용했어요. 제주도 사투리가 표준 한국어라고 생각했죠. 하하하."
"그렇겠네요. 제주어만 알고 있었을 테니까. 하하."
"네. 아버님은 언제나 고향이 제주도라는 걸 강조하셨지요. 먹는 것도 생활 습관도 제주도 식이었습니다. 고모님이 여기 계셨는데 어릴 때 보면 된장을 갖다줘요. 물회 같은 것도 된장 베이스로 만든 것밖에 먹어본 적이 없어요. 제주도식 물회라고 할까요. 하하하."

그를 따라 웃으며 다시 명함을 만지작거리자 그가 말했다.

"왜 명함에 양씨로 됐는지 궁금하지요?"
"예."
"음……. 말하자면 사연이 깁니다."

커피를 한 모금 마신 그는 창밖을 보며 잠시 뜸을 들이다 아버지의 밀항 이야기를 꺼냈다.

"아버님이 4·3을 겪고 나서 조선전쟁 때 규슈로 밀항해 왔는데 도쿄로 올라오기 전에 붙잡혀 오무라大村수용소에 수용됐어요. 그 소식을 들은 아버님 고향 사람들이, 그러니까 재일동포지요. 그분들이 십시일반해서 당시 80만 엔의 거금을 모아 아버님의 외국인등록증을 만들었다고 해요. 그때 고향 사람들이 아버님 이름을 양영환이라고 외국인등록증에 올렸어요. 그 이후에 아버님은 돌아가실 때까지 여기서 양영환으로 불렸습니다. 저도 등록상 양씨가 됐고요. 아버님의 본명은 이자 명자 복자였어요. 아버님 돌아가신 다음에 저는 본래 이름인 이재동으로 개명했습니다."
"아, 명함에 그런 역사가 있었군요."

고개를 끄덕이며 그의 말을 경청했다. 4·3은 제주사람의 이름까지도 바꿔놓았다. 그의 이름엔 제주의 굴절된 역사가 그대로 스며 있었다.

"이 선생님은 4·3사건을 아시죠? 어떻게 생각하십니까?"

나는 초면에 다짜고짜 4·3에 대해 어떻게 생각하느냐고
물었다. 그의 생각을 들어야 아버지의 이야기로 옮겨갈 수 있
겠다 싶었다.

"아다마다요. 저도 아버님 생각과 다르지 않아요. 조선대
학교 다닐 때도 4·3사건에 대해 배운 적이 없지만 아버
님으로부터 많은 이야기를 들었어요. 청년들이 고문치사
당했잖아요. 억압하면 할수록 반발할 수밖에 없지요. 그
리고 그 당시로 돌아가서 생각해보면 단독선거를 반대하
는 것은 당연한 일이었잖아요.
제주도 사람들 의식이 좀 높아요? 일제 때 일본에서 공부
한 분들도 많았고요. 해방된 땅에서 누가 분단을 좋아했
겠어요. 단독선거하면 우리가 갈라질 것을 알고 있는 사
람들이 많았다고 들었어요. 그리고 또 4·3사건이 비참한
이유는 제주도 사람끼리 손가락질할 수밖에 없도록 만
든 거라고 생각해요. 군인이나 경찰, 서청이 서로 손가락
질하지 않으면 죽이겠다고 위협했잖아요. 밀고하면 밀고
자는 살려준다고 해서 손가락질을 강요하고, 손가락질을
당한 사람은 죽이고…… 너무나 비참한 사건입니다. 다들
불행하죠. 피해자와 가해자가 뒤섞여 있잖아요. 그런데
그 사건이 없었으면 저도 이 세상에 없겠지요. 아버님이

일본으로 도망 오시지 않았을 테니까요. 허허.”

그가 웃으면서 다시 창밖을 봤다. 금방 얼굴이 굳어졌다.

“4·3을 경험한 부모들이 자식들한테 이야기를 좀처럼 잘
하지 않는데 이 선생님은 많이 들으셨네요.”
“예. 저는 아버님으로부터 4·3 이야기를 들을 기회가 꽤
있었어요. 아버님이 아파서 병원 갈 때마다 제가 모시고
다니면서 이야기를 자주 들었습니다.”
“아, 그런가요? 아버님이 편찮으셨나요?”
“여기서도 죽을 고비를 몇 번 넘기셨어요. 큰 교통사고도
있었고, 편찮으시기도 했죠. 아버님은 일본으로 밀항하
신 뒤 제주도에 한 번도 가지 않았습니다. 갈 기회는 있었
지만 가지 않았어요.”
“예? 무슨 말씀입니까?”
“아버님은 언제나 민족으로서 당연히 해야 할 일을 했다,
우리는 빨갱이가 아니라고 말씀하셨습니다. 4·3사건 이
야기가 나올 때마다 나는 빨갱이가 아니다, 하지만 어머
니를 죽인 놈들에게 어떻게 머리를 숙이겠나, 머리를 숙
일 수 없다고 하셨지요. 그래서 한국에서 친구분들이 오
셔서 이제는 괜찮으니까 부모님 산소라도 돌아보라고 했

지만, 그 사람들에게 머리를 숙이면서까지는 갈 수 없다고, 통일되면 가겠다고 여러 차례 말씀을 하셨습니다. 얼마나 한이 맺혔으면 그렇게까지 말했겠습니까? 그러다가 당신이 동경에서 산소까지 마련하고 돌아가셨습니다. 일본에서는 제주도에서와는 다르게 무덤을 쓰는 일이 아주 어렵거든요. 그런데도 당신 스스로 생전에 묏자리를 마련했습니다. 아버지 돌아가신 뒤 저는 3년 동안 대상, 소상에 제사까지 치르고 호곡도 했어요. 제주도식으로 말입니다."

집안의 삼대독자 이명복은 1929년생이다. 4·3을 겪고, 1953년 2월 스물넷의 나이에 제주를 떠난 뒤 예순둘 일본 땅에서 숨을 거둘 때까지 제주에 발을 딛지 않았다. 이명복이 지킨 마지막 자존심이었을 것이다.

얼마나 가고 싶었을 고향인가. 식구들에게 언제나 제주도 출신이라는 점을 강조하고, 제사나 식생활도 제주도에서 하던 방식을 고집했다. 그뿐인가. 고향 출신 동포들과 친목회 활동이나 고향 발전을 위한 기부에도 앞장섰던 그다.

"고향에 가고 싶다는 말씀이 없으셨습니까?"
"왜요? 생전에 한 번만이라도 고향에 가고 싶다는 말을 자주 하셨지요. 꼭 한번은 가고 싶다고. 부모님 산소에 절도 하고 벌초도 하고 싶어 했지요. 그렇지만 머리를 숙이고 갈 수는 없다고 하셨어요."

이재동은 아버지가 자주 했던 말 가운데 규슈에서 도쿄로 올라오는 열차에서 제사를 지낸 일을 잊지 못한다고 말했다.

"아버님이 기차에서 제사를 지낸 분이에요. 하하하."
"그건 또 무슨 말이죠?"
"아버님이 동경에 올라오는 날이 마침 할머니, 그러니까 4·3 때 돌아가신 아버지의 어머님 제삿날이었다고 해요. 그러니까 제 할머니죠. 기차 안에서 술 한 병, 담배 한 개비, 향을 놓고 할머니 제사를 지냈다고 해요. 사람들이 오가는 열차 안에서 말입니다. 얼마나 할머니에 대한 사무침이 컸으면 그랬겠습니까. 동경에 와서는 집이 없어 여관방을 전전하며 살 때도 제사만큼은 꼭 지냈습니다. 그게 자식으로서의 최소한의 도리라고 하면서 말이죠."

마음 좋게 보이던 이재동은 웃음을 거두더니 창밖으로 고개를 돌렸다. 도쿄의 번화한 거리에 네온사인이 들어오고 있었다.

*

　이재동을 만나기 전 커피숍 부근에서 그의 외사촌 김호세 선생을 만났다. 김녕 출신인 그는 한국전쟁 때 이명복과 함께 바다를 건넜다. 김호세의 어머니가 이명복의 누님이다.

　처음 본 기자에게 김 선생은 경계심을 보였다. 나는 순간 어떻게 이야기를 끌어갈까 고민했다. 그가 일본에서 살아온 체험담을 취재하는 것으로 이야기를 꺼냈다. 밀항 뒤 외국인등록증이 없던 김 선생은 도쿄에서 대학 졸업장을 두 개나 받았다. 공부도 공부지만 대학에 입학하면 등록증이 없어도 체류할 수 있던 것이 더 큰 이유였다. 대학원까지 입학했다가 그만둔 그는 대학생 시절 일본에서도 학생운동에 열성적으로 참여했다.

　"4·3 때 이야기를 듣고 싶어 이렇게 찾아오게 됐습니다."
　"뭘 들을 게 있다고 왔소?"

　김 선생의 퉁명스러운 답변에 긴장했다. 될 수 있으면 많은 밀항자를 만나 그들의 이야기를 들어야 하는데 벽에 부딪힌 느낌이었다. 속으로 어떻게 온 일본인데, 하면서 침을 삼켰다. 다행히 그가 말을 이었다.

"개인적으로 겪은 일은 이야기하지 않겠소. 아이들도 일본에 모두 있는데, 어떻게 비참하게 겪은 개인사, 가정사를 이야기할 수 있겠소?"

침묵이 이어졌다. 김 선생은 가정사는 자제하면서도 자신이 목격한 일에 대해서는 기억을 풀어냈다. 가끔은 흥분섞인 그의 목소리가 높아져 주위에서 쳐다보기도 했다.

"중학교 1학년 올라갔을 때 4·3사건이 났지. 그 전 해에 김녕소학교에서 200~300명이 모여서 3·1절 기념행사를 했어. 서울에 유학했던 선배 한 분이 고향에 와서 지도하고 노래도 가르쳐줘서 그걸 부르면서 데모 행진을 했어. 선배들이 데모하고 삐라도 뿌리니까 서청이 들어와서 막 짓밟아. 그러다가 4·3사건이 나고 2~3일 뒤에 경찰이 와서 1년 선배를 끌고 가 고문하다가 총살했어. 겨우 중학교 2학년이었던 학생을 말이야. 김녕지서 앞마당이 보리밭이었는데 거기서 총살했지. 항상 나를 좋게 봐준 좋은 선배였어.
그때 우리는 학교 건물이 없어서 공회당에서 공부했는데 그 옆이 보리밭이었어. 지서 바로 앞이야. 선배 아버지는 매일 아침 지서 앞에 가서 아들을 돌려달라며 드러눕고

울부짖었지. 외아들이었거든. 아버지가 오죽하겠어? 그
때마다 그 아버지는 경찰들한테 폭행당했어. 그 경찰들
도 서청 출신들이었어. 바로 학교 앞이니까 내가 그걸 목
격했지.

또 한번은 지서 앞을 지나가는데 총소리가 났어. 보리를
베어낸 지서 앞 밭 한가운데 동네 노인이 웅크린 채로 떨
고 있는 거야. 주위에 총알이 박혀 있더라고. 나중에 알고
보니까 육지서 온 철도경찰들이 4·3사건에 연루된 가족
과 친지 들에게 금품을 요구하면서 가져올 때까지 친척
어른을 잡아다 그렇게 위협하는 거야. 그런 일을 내가 봤
다고.”

　제주도에서 온 낯선 이방인에 대한 경계심이 조금 누그
러진 듯하여 재차 물었다.

“가끔 4·3사건 생각이 나십니까?”
“제주를 떠나 내 나이 여든이 넘도록 평생 일본에 살면서
도 한시도 4·3을 잊어본 적이 없소. 내 눈앞에서 벌어진
사건을 어떻게 잊나! 기억이 생생해. 내가 밀항할 때 비행
장에서 많이 학살당했다는 소식을 들었어. 혐의자 가족
들이 끌려가서 학살당했다고 말이야.”

"4·3의 비극은 무엇일까요?"

"같은 민족을 개나 돼지처럼 학살한 거야. 동족을 어떻게 그렇게 무자비하게 학살할 수 있겠는가. 이것은 민족의 비극이라고!"

그의 목소리가 다시 커졌다. 김 선생은 숨 막히는 제주도를 떠나고 싶었다. 큰 곳에서 공부도 하고 싶었다. 일본 도쿄에는 형님과 누님이 있어 빌붙을 언덕이 있었다. 부산으로 건너갔다. 그는 외삼촌 이명복과 친척집에 머물며 일본으로 밀항할 기회를 찾고 있었다.

1953년 2월. 밀항 브로커들과 함께 나선 이들이 버스를 탔다. 해운대에서 한밤중 출항했다. 밀항자들을 태운 배는 쓰시마에 도착했다. 파도가 거칠었다. 쓰시마의 산에 올라 동포 집에 열흘 남짓 머물렀다. 같이 밀항하는 이들 가운데는 제주도 출신들이 많았지만, 아무것도 묻지 않았다. 서로 눈인사만 할 뿐 궁금증은 마음속에 담았다.

파도가 잠잠해지자 밀항자들은 배 두 척에 나눠 타고 규슈 하카타로 향했다. 이명복과 김호세는 서로 다른 배에 탔다. 4·3사건에 연루돼 잡히면 위험에 처할 가능성이 있는 사람들은 성능 좋은 배에 탔다. 이명복은 그 배에 탔다. 그런데 어찌된 일인지 김호세가 탄 배는 하카타로 들어와 밀항에 성공했지만, 이명복이 탄 배는 하카타에서 붙잡히고 말았다.

"명복이 삼촌은 산에 가담했으니까 한국으로 돌려보내면 총살당한다고 해서 여기 사는 마을 사람들이 운동해서 돈을 모아 석방시켰어. 그때 김녕 사람들이 이름을 바꿔야 한다며 양영환이라는 이름으로 등록해서 빼냈어. 그 뒤로 쭉 그 이름으로 살았지."

나는 김호세와 이재동 두 사람을 차례로 만나고서야 이재동의 부친 이명복이 일본으로 밀항한 당시의 모습을 그릴 수 있었다.

이명복은 왜 두 번 다시 제주 땅을 밟지 않았을까. 그렇게 가고 싶다면서도 왜 한 번도 고향에 가지 못했을까. 아니 왜 가지 않았을까. 우에노마루이 백화점 앞은 오가는 사람들로 붐볐다. 밤에는 더욱 도시의 생기가 살아났다. 이명복은 일본에서 어떤 삶을 살았을까. 숙소로 돌아가는 내내 그가 살았던 이산의 삶이 나를 붙잡았다.

꼬리무는
상념

채 선생은 세월 탓인지 이명복의 이름을 온전히 기억하지 못했지만, 이 씨라는 것, 김녕 사람이라는 것은 기억했다.

"키가 컸어. 인물도 좋고 영리하고, 민첩했지."

산에서 생활하다보니 자연스럽게 면당부 조직이 눈에 들어왔다. 면당부에서는 이름을 부르지 않고, 암호를 사용했다. 하도학교 동창 강하용은 안면이 있어서 알았지만, 모르는 사람들은 '삼팔 동무' 또는 '복단 동무' 등의 암호를 사용했기 때문에 본명을 알 수 없었다.

면당부 밑에는 습격부대인 특행대가 따로 있었다. 무장

부대는 아니었다. 채진규는 특행대의 규모가 15명 정도 됐던 것으로 기억했다. 무기는 허술했다. 무장부대가 아닌 특행대에 소속된 이들은 총 대신 철창이 무기였다.

면당부에는 도당부 지도원이 파견돼 있었고, 면당과 도당 사이에는 접촉선이 있었다. 말을 타고 가거나 걸어서 접촉선에 가면 그날 선전물을 받아왔다. 사실상 진압된 여순사건 관련 선전물도 도당부에서 면당부로 들어왔다. 도내 다른 지역에서 있었던 산부대의 성과를 알리는 삐라도 제작됐다.

채 선생의 기억 속에서 이명복과의 만남은 오래된 숲 선흘곶에서 이뤄졌다. 평소 잘 아는 조직책인 하도학교 교사 출신 양문하 옆에 낯선 미남형의 청년이 있었다. 처음 보는 얼굴이었다. 그가 지도부에서 선전 활동이 전달되면 삐라 작성을 책임지는 선전책 이명복임을 알게 된 것은 시간이 흐른 뒤였다. 면책 김경수가 채진규에게 선전을 맡아달라고 했다. 거부할 수 없었다. 선전책 이명복 밑에서 삐라를 썼다. 삐라 작성은 면당부의 지시가 있어야 했다. 언제 어디서 무슨 일이 있으니 몇 매를 작성하라는 식이었다.

채진규가 삐라를 쓰면 면당부는 원고를 심사한다. 이어 면당부의 승인이 떨어지면 채 선생이 등사해 삐라를 만들어 면당부로 보낸다. 면당부는 습격할 때 삐라를 갖고 가 선전 활동을 했다. 이명복은 도당에서 메시지가 온다는 걸 알려줬다.

선전부는 구좌면 보도지 「혜파」惠破를 수시로 발간해 각 부서에 전달했다. 또 제주도 투쟁위원회에서 내려오는 기관지나 보도지를 회람시키고 부서원들에게 주지시키는 활동도 했다. 교양사업도 선전부의 역할이었다. 주로 토벌이 완화된 때 하루에 한 차례 정도 열려 동요를 방지하는 데 주력했다. 책임자가 책을 읽고 나머지는 경청하는 식이었다. 전설처럼 전해오는 레닌이나 스탈린의 이야기도 들었다. 혁명운동을 할 때 먹을 게 없어 굶주리자 자신의 말가죽 신발을 솥에 넣고 삶아 먹는 간난고초를 겪으면서 혁명을 성공시켰다고 했다. 그런 독서회가 딱 한 번 있었다.

채진규도 토벌이 심하지 않을 때 독서회에 참가한 적이 있었다. 모여 있는 사람들은 귀만 열고 있을 뿐 내용이 전혀 와닿지 않는 표정들이었다. 나뭇가지로 땅바닥을 헤집거나 웅크리고 앉아 멍하니 앞만 쳐다보는 사람들도 보였다.

'먹을 것이 없어 굶주리고 토벌대의 인기척만 나도 숨기 급급한데 무슨 혁명인가.'

그곳에 있던 피난민들은 그렇게 생각했을지도 모른다.

채 선생도 마찬가지였다. 지금도 말가죽 신발을 삶아 먹었다는 말을 생각할 때는 헛웃음이 난다고 했다.

"식량이 없어서 참고 견디라는 뜻에서 그런 책을 읽어줬다고 생각하지만, 그걸 믿을 사람이 있겠소? 모두가 쫓기고 굶주리는데 말이요."

목숨을 걸고 행동해야 하는 산사람들이었기 때문에 규율은 엄격했다. 피난민들에 대한 선전 활동도 수시로 이루어졌다. 토론회나 비판대회도 있었지만, 그 또한 채진규의 마음에 와닿는 내용은 아니었다.

채 선생의 말을 들으면서, 나는 이 시기 면당 지도부가 의지는 있었으나 항쟁의 전망은 비관적으로 보고 있었을 것으로 짐작했다. 그저 누구도 말을 꺼내지 않았을 뿐, 가지고 있는 철창 따위로 첨단 무기를 대적한다는 것은 어림없는 일로 보였다. 대의도 대의지만 당장 절박한 것은 생존 문제였다. 토벌대의 공세는 무차별적이었고, 겨울 산의 날씨는 모두를 움츠러들게 했다. 먹을 것이 없었다. 당장의 굶주림을 해결할 방법이 없었다. 물론 국토 양단을 막겠다는 의지는 굳셌고, 부모와 형제자매를 유린한 군·경과 서청에 대한 분노는 높았을 것이다. 하지만 수시로 토벌대에 쫓겨 근거지를 이동하고 식량 구하기가 어려워 보급 투쟁을 벌이는 마당에 달콤한 선전 활동을 한들, 레닌과 스탈린의 만화 같은 혁명 이야기를 한들 그걸 곧이곧대로 믿을 피난민들이 얼마나 있었겠는가. 이런 상황에서 어떤 혁명이, 어떤 항쟁이 성공할 수 있었겠는가.

채진규도 돌아가는 상황을 얼핏 짐작할 수 있었다. 이 무렵 이명복 역시 무장봉기가 실패한 것으로 판단했던 듯하다. 한번은 둘이 있을 때 낮은 목소리로 그가 이렇게 흘렸다고도 했다.

“먹을 것도 없고 굶어 죽을 판이 되수다. 토벌이 너무 심하고 마을에 성을 쌓아놓으니 연락이 되지 않고, 보급도 안 됩수다. 한심해 마씸. 항쟁은 실패작이우다. 실패작!”

한 치 앞도 보이지 않는 청년 이명복의 심정은 막막했다. 그러나 불의를 보면 불탔고, 대의에 마음이 요동쳤다. 경찰과 서청의 폭력적 행동을 두고 본다는 것도, 외세와 야합한 국내의 정치주도세력들에 의한 국토 양단의 상황을 보고만 있을 수도 없었다. 그렇게 나선 길이었다. 신념과 대의명분은 마음속 깊은 곳에서 요동쳤으나 현실은 너무나 거리가 멀었다.

*

일본에서의 취재를 마치고 숙소로 돌아가는 길이었다. 오후 7시가 넘었지만 저녁을 먹고 싶은 마음은 없었다. 생맥주나 한 잔 마시고 싶어 혼자 숙소 주변의 조그만 이자카야의 문을 열고 들어갔다.

"이랏샤이마세!"いらっしゃいませ(어서 오세요!)

음식을 만들던 마스터가 큰소리로 반긴다. 조그만 홀 안에 몇 명의 손님들이 앉아 대화를 나눈다. 제법 흥에 겨운 듯 웃음소리도 들렸다. 두리번거리는 나를 보고 마스터가 웃으면서 말한다.

"고치라니 오스와리 구다사이."こちらにお座りください(이쪽으로 앉으세요)

"하이. 아사히 나마비루 잇파이 구다사이."はい。アサヒ生ビール一杯ください。(예. 아사히 생맥주 한 잔 주세요.)

메뉴판을 받아들었다. 왜 이렇게 메뉴가 많아, 생각했다.

히라가나나 가타카나를 더듬더듬 읽는 실력으로는 두세 개 단어를 제외하고 무슨 뜻인지조차 알기 어렵다. 그렇다고 휴대폰을 꺼내 검색하기도 멋쩍었다. 고개를 돌려 일행과 이야기하며 맥주를 기울이던 손님의 안줏거리를 곁눈질했다.

"고레!"これ(이것.)

웃는 마스터를 따라 같이 씨익 웃었다. 시원한 맥주를 한 모금 들이켰다. 목줄기를 타고 가슴을 적셨다. 두리번거렸지만 낯설었다. 이야기할 사람이 없었다.

'아무도 모르는 낯선 땅에 살아야 했던 이명복도 이런 마음이었을까.'

두 번 다시 고향 땅을 밟지 않았다는 이명복의 말을 곱씹어보면 절박할 정도로 가고 싶다는 뜻 같았다.

'미치도록 가고 싶다. 한 번만이라도 가고 싶다.'

어쩌다 일본을 찾아온 친척들이 이명복의 부모와 조부모 산소의 벌초 이야기를 하고, 농업학교 동창이나 지인 들이 제주도 이야기를 하고 가면 밤새 잠이 오지 않았다지 않은가. 그 런 날은 뜬눈으로 지새웠을 그였다. 차가운 맥주잔 속에서 수 많은 이명복이 나타났다 사라졌다. 산사람들의 꿈과 좌절이 도쿄의 작은 이자카야에 앉아 있는 내 머리를 스쳐 지나갔다.

'그들의 주장이 옳았어. 경찰과 서청이 제주사람들을 능 멸하고 모욕했잖아. 토벌대가 저지른 집단학살은? 한두 번도 아니고 지속해서 그런 상황이 벌어졌는데도 아무도 그들의 행위를 저지하지 않았잖아.

국가가 뭐야. 국가의 폭력은 어떤 상황에서도 최소한으 로 절제돼야 했어. 그런데 절제는커녕 고삐 풀린 망아지 처럼 날뛰었잖아. 국가라는 이름으로 말이야. 미군정은 또 어떻고. 어떻게 그렇게 무능하고 무책임할 수가 있어? 그런 상황에서 제주사람들이 뭘 어떻게 할 수 있었겠어. 옆에 있는 가족이나 친구가 갑자기 누군가에게 이유 없 이 얻어맞으면 가만히 있을 사람이 어디 있겠어? 그건 아 니야. 당시 신문 기사에도 있었잖아. 총칼 앞에 제주사람 들이 제 가슴을 내민 이유를 알아야 한다고. 그래 맞는 말 이야. 그때 제주사람들은 저항할 수밖에 없었어. 누구라 도 참기 어려웠을 거야. 인간의 존엄을 지키기 위한 행동 이었어.

하지만 역사는 승리자의 기록만 남고 그것을 진실이라고 강요하지. 패배자의 존재는 지워지고, 기록되지 않아. 패배했기 때문에 반역자가 되어버리지. 문제라면 부정의에 맞선 제주사람들의 의지가 이성적 판단보다 앞섰던 거야. 1901년의 이재수의 난을 주도한 이재수는 억압과 착취를 당하는 제주사람들을 위해 목숨을 바친 장두라고 하잖아. 이재수가 1948년에 나타났더라면 그는 어떻게 불렸을까. 여전히 장두로 불렸을까, 아니면 폭도대장으로 불렸을까. 제주도인민유격대 사령관 이덕구를 우리는 지금 어떻게 평가하고 있지? 그를 어떻게 평가해야 하지? 이미 수십 년의 세월이 흘렀지만 여전히 우리는 제대로 4·3을 들여다보고 있지 않잖아. 앞으로 얼마나 더 세월이 흘러야 우리 사회가 그때 제주사람들의 필사적인 저항의 이유, 항쟁의 당위성을 인정할까. 눈만 뜨면 입버릇처럼 외치는 화해·상생이라는 구호 속에 항쟁의 대의명분도, 항쟁 주체세력의 의지도 휩쓸려 들어가버리고 만 거 아냐?
진상규명이 조금씩 이루어지고, 화해와 상생을 외치지만 가해자들 가운데 제대로 사과한 사람이 있어? 어느 누구도 사과하지 않잖아. 그게 지금의 현실이야. 가해자들은 그대로 있는데 항쟁 주체세력들은 아직도 희생자로 인정조차 받지 못하고 있어. 지금도 유족들은 숨죽여 몰래 피울음을 울고 있잖아.

돌이켜보면 우리는 너무 타협적이었어. 항쟁 주체세력을 4·3 희생자로 인정해야 하는 문제에 대해서도 몇 번 목소리를 높이다가 결국은 침묵해버리잖아. 그런 일이 몇 번이나 되풀이되고 있지. 정말 무장봉기의 대의를 정의롭다고 인정한다면 이제 그들에 대한 희생자 인정투쟁도 이루어져야 하는 거 아닐까. 그들은 경찰과 서청의 패륜적 악행에 맞서 제주도를, 제주사람들을 지키려고 일어섰어. 그들은 4·3 때의 이재수들이었어. 단선 반대·단정 반대 구호도 구호지만, 자신들이 직접 당하는 상황에서 생존을 위해, 가족을 지키기 위해 폭발했다는 말이 맞을 거야. 그게 섬 공동체의 정신이지. 사불고의 폭기성이고. 1948년 5월, 제주사건 처리를 위해 서울에서 파견됐던 검사가 민심 이반을 사건의 원인으로 지적한 적이 있지. 왜 서청을 경찰로 활용하느냐고 공개적으로 비판했지. 그때 검찰총장 이인도 비슷한 발언을 했어. 제주도 사태가 악화한 것은 시정방침에 신축성이 없고, 관공리가 부패했기 때문이라고. 그것만이 아니야. 이인은 고름이 제대로 든 것을 좌익계열에서 바늘로 터뜨린 것이 제주도 사태의 진상이라고 했지.

그런데 좌익계열만 그랬던 걸까. 그때 도지사 유해진을

비롯한 일부 관공리들, 그리고 경찰과 서청이 만든 악성 종기를 보통사람들도 함께 터뜨린 거야. 유해진과 경찰, 서청은 자신들의 생각과 다르면 무조건 빨갱이로 몰아갔지. 미군정과 결탁한 모리배들도 안하무인격으로 제주사회를 휘젓다가 여론의 질타를 받았잖아. 중앙 미군정청 특별감찰관조차 경찰과 청년단체의 테러가 좌파를 지하로 몰고 갔다고 분석했잖아. 곪을 대로 곪은 종기를 보통의 제주사람들이 함께 터뜨린 거라고. 미군정 수뇌부는 특별감찰관을 제주에 파견해 조사하게 했지만 정작 그들이 작성한 결과보고서에는 귀를 기울이지 않았어. 제주도 상황을 개선할 움직임을 보이지 않았던 거지. 친일파들은 해방 뒤 미군정과 결탁하고 자신들만의 권력욕에 눈이 멀어 단독정부 수립을 부추겼잖아. 단선·단정을 반대하고 외세를 배격한 남북이 하나 되는 완전 자주통일 독립이라는 대의명분은 반쪽 정부 수립으로 퇴색했어. 통일정부 수립은 하늘의 별만큼이나 멀리 있었지.

1945년 10월, 미군정이 그렇게 말했잖아. 북위 38도 이남의 조선에는 오직 하나의 정부가 있을 뿐이다, 그게 미군정이라고 말이야. 그런데 미군정은 무엇을 했지? 정의와 민주주의를 부르짖는 나라라면서 부정의와 폭력에는 눈을 감았잖아.

미국은 세계 도처에서 소련과 대치하고 있었어. 그리스에서는 제2차 세계대전 종전 무렵부터 내전이 격화하고 있었어. 국무장관 마셜이 1947년 2월 이런 말을 했지. 그리스가 내전에 빠지면 소련 지배 하의 공산국가로 출현할 가능성이 있고, 소련의 영향력이 중동을 넘어 인도 국경까지 이를 수도 있다고 말이야. 국무차관 애치슨도 썩은 사과가 상자 속 사과에 영향을 끼친다고 했지. 그뿐인가. 중국에서는 마오쩌둥이 이끄는 공산당이 사실상 장악한 상황이었어. 그런 마당에 미국은 소련과 직접적으로 맞닿은 한반도에 친미 반공 정권 수립이 급선무였어.

항쟁이 성공하리라 생각한 산사람들은 얼마나 될까? 무엇이 그들을 추동했을까. 그들의 주장처럼 외세를 배격하고 완전 자주 통일독립국가를 만들었다면 지금처럼 값비싼 대가를 치르는 분단 비용은 들어가지 않았겠지. 분단의 희생양들도 없었을 테고 우리 사회 자체가 바뀌었을 거야 그들에게 항쟁의 성공이란, 항쟁의 목표란 그것뿐이었을까.

경찰과 테러단체의 용납 못할 행위에 맞서 일어난 항쟁의 길은 험했고, 멀기만 했어. 이들이 정규군처럼 잘 훈련된 조직도 아니고 규율도 그리 단단하지는 않았어. 그런데 죽창과 철창이 대부분인 산부대가 무슨 수로 미제 무기로 무장한 군대와 경찰, 서청과 싸워 이길 수 있겠어. 그들은 주저하기는커녕 승냥이마냥 더 몰려들어 물어뜯었잖아. 군·경과 우익단체들이 저지른 반인륜적 패륜적 범죄는 차고 넘쳤지.

그렇지만 산부대의 민간인 학살은 어떻게 설명해야 해? 설령 그들의 대의명분이 맞는다고 쳐. 그렇다고 그들이 죄 없는 주민들을 살해한 것까지 용납할 수는 없잖아. 그 지점은 분명히 비판 받아야 해. 아무리 규율이 없다고 해도 그렇지. 그렇게 보복해서도 안 돼. 그런 행위는 해서는 안 되는 일이었어. 결국 항쟁의 명분을 약하게 만들었잖아. 군·경, 서청의 행위와 산부대의 행위를 동등하게 놓고 보는 이들도 있어. 지금까지도 보수세력들이 그 아킬레스건을 끈질기게 물고 늘어지고 있잖아. 그렇다고 그 때문에 항쟁의 의의를, 명분을 퇴색시킬 수는 없어. 이승만 정부는 사태가 이렇게까지 계속되었을 때 진작 진압 정책에 문제가 있다고 보고 방향을 바꿔야 했어. 그런데 그러지 않았지. 오히려 빨갱이 소탕을 명분으로 계엄령을 선포하고 씨를 말리려 했지. 남한 내 비판세력들에게 본보기로 삼으려 했던 거지. 제주사람들을 정부 수립의 제물로 삼은 거야, 제주도는 빨갱이 섬이고, 그 안의 빨갱이들은 박멸해야 할 대상으로. 미군은 또 어떻고. 자신들이 9연대가 대량학살 계획을 채택했다면서도, 9연대의 초토전략을 칭찬하고, 정보를 제공했잖아.

섬사람들은 어떤 세상을 꿈꿨을까. 항쟁 주체세력이 아닌 보통의 제주사람들 말이야. 그들의 꿈은 무엇이었을까. 완전 자주 통일정부 수립은 모든 사람의 가슴속에 있었을 거야. 그렇지만 그것이 제주사람들을 결사 항전의 길로 내몰 정도로 절박한 대의명분이었을까? 그런 사람들도 있었겠지만, 보통 사람들은 다르지 않았을까.

우리만의 세상, 섬사람들만의 대동세상을 만드는 꿈을 꾸지 않았을까. 누구의 간섭도 받지 않고 우리끼리 오순도순 살아가는 세상 말이야. 그것이야말로 제주섬 공동체의 지향점이었을 거야. 자기가 보는 앞에서 형제자매와 친구들이 육지에서 파견된 경찰과 서청에게 능욕을 당하는데 가만히 보고만 있을 수 있겠어? 자기 부모와 할아버지 할머니가 재산을 강탈당하고, 친구가 아무런 이유 없이 끌려가 초주검이 되도록 맞고 오는데 가만히 있을 수 있겠냐고. 제주사람들의 꿈은 그거야. 우리를 건드리지 말라고. 우리끼리 평화롭게 살 수 있게 건드리지 말라는 게 전부가 아니었을까. 두 번 다시 고향 땅을 밟지 않은 채 일본의 하늘 아래서 살아갔던 이명복의 심정도 그렇지 않았을까.'

꼬리에 꼬리를 무는 수많은 생각이 마음 깊은 곳을 흔들어놓는다. 노란 불빛 아래 홀 안의 공기가 훈훈하고, 알 수 없는 일본어가 난무하는 속에 나의 머릿속에서는 온갖 상념이 나타났다 사라지기를 반복했다.

신념을 위해 싸우다 결국은 낯선 땅으로 밀항해 어렵게 살아간 이들을 생각하며 혼자 그들을 기렸다. 한 잔은 그 시대를 살아간 이들을 위해서. 한 잔은 나를 위해서. 빈 맥주잔을 들고 마스터를 보며 웃음을 던졌다.

"모우 잇파이!"もう一杯(한 잔 더!)

시간이 흘렀다. 밖으로 나왔다. 도쿄의 화려한 불빛이 갑자기 나를 흔들어 깨웠다.

'아, 여기 도쿄지.'

비애의
그림자

도쿄에 갔다 온 뒤로 바쁜 시간을 보냈다. 기획기사를 쓰는 요일이 돌아오면 시간에 쫓겨 허덕였다. 취재를 위해 만난 사람들과 나눈 이야기를 녹취록으로 만들고, 이를 다시 정리하는 작업은 오직 나의 일이었다. 그렇게 꽤 오랜 시간이 흘렀다.

2022년 8월 여름이었다. 휴가를 맞아 집에서 오래된 문서들을 정리하다 빛바랜 문서철 하나가 눈에 들어왔다. 20여 년 전 후배 기자가 보내온 것이다.

"선배가 4·3에 관심 있는 것 같아 보내요. 저는 봐도 잘 모르지만 선배가 보면 혹시 4·3 취재에 도움이 될지 모르겠어요."

"그래? 알았어. 보내줘. 어떤 내용인지 한번 볼게."

그렇게 해서 소포로 받은 것이었다. 흘림체로 써내려 간 한자에다가 복사하다 귀퉁이가 잘려나가기도 하고, 검게 복사된 부분도 더러 있어서 읽기 어려웠던 기억이 났다. 그때 대충 훑어보다 서재 한쪽에 넣어둔 뒤로 생각날 때마다 문서철을 꺼내 펼쳐보다 여전히 읽기 힘들어 포기하기를 반복했다. 내 인내심을 시험하는 것 같았다.

마침 휴가철이라 여유가 있던 나는 큰맘 먹고 문서철을 꺼내 돋보기를 옆에 놓고 찬찬히 살펴봤다. 복사한 지 오래되어 누리끼리하고 귀퉁이가 말린 문서철은 성산포경찰서가 작성한 것이었다. 보이는 대로 문서를 읽어나가다 문득 눈에 익은 이름을 발견했다. 깜짝 놀랐다.

'청취서. 이명복 당 20년.'

청취서聽取書는 경찰 조사에서 당사자의 진술을 들은 뒤 기록해 두는 문서다. 도쿄에서 만난 이재동의 아버지이자 김호세의 외삼촌 이명복의 행적이 묻어 있는 문서였다.

'내가 잘못 봤나? 어떻게 여태 이 문서철 안에 이게 있는 걸 몰랐을까?

문서철에는 이명복이 직접 쓴 반성문과 은신 생활기가 함께 있었다. 1950년 7월 성산포경찰서 사찰과에 귀순한 뒤 작성한 것으로, 남로당 입당 경위와 구좌면 선전책으로서의 활동 이력, 귀순 뒤 총살 현장에서 극적으로 살아난 과정이 고스란히 담겨 있었다.

반성문에는 자신의 행적에 대해 잘못했다고, 회개한다는 대목이 있었다. 그렇다고 해서 전향했다고 단정할 수는 없었다. 그는 일본에서 사는 내내 항쟁의 당위성에 대해 이야기했다고 했다. 우리는 빨갱이가 아니고, 민족 구성원으로서 할 일을 했다고 누누이 말했다고 했다.

당시 경찰에서 쓴 글의 진위를 그대로 믿기는 어렵다. 당시 고문과 협박으로 인한 거짓 진술이 비일비재했던 점을 고려해야 한다. 수십 년의 세월이 흐른 뒤 인터뷰한 이들끼리 서로 기억이 다른 경우도 있다. 교차 검증이 필요했다. 아들 이재동, 조카 김호세, 그리고 채진규의 증언과 기고를 날줄씨 줄로 묶는 과정이 따라붙었다.

*

이명복은 1947년 6월 중순 친구의 권유로 남로당에 입당했다. 제주공립농업중학교 3학년 때였다. 학내 투쟁을 벌이던 그를 학교가 그대로 놔둘 리 만무했다. 1948년 봄, 4학년을 마치지 못하고 퇴학당했다. 본격적인 활동이 시작됐다. 그의 나이 스물이었다.

북촌리 친척집에 은신해 있다가 탄압이 잦아지자 5월 중순께 경찰의 눈을 피해 도피 입산했다. 그뒤 구좌면당부 동복·김녕리 지구책이 됐다. 활동이라고 해봐야 쌀과 의복, 신발 등을 면당부에 보급하거나 경찰이나 우익의 활동, 마을 동향 등을 수집해 보고하는 정도였다. 가끔 선전 활동도 했다.

이 과정에서 조직원 일부가 탄로 나 활동이 크게 위축됐다. 10월 하순께부터는 토벌대의 공세가 거세졌다. 조직원이 붙잡혀 들어가면서 조직이 궤멸 상태에 빠졌다. 위기를 벗어나야 했다. 구좌면당부 조직선전책 양문하의 협조를 받아 12월부터는 면당 선전책으로 활동했다.

구좌면당은 1948년 5월 중순께 4개 지구로 편성돼 있었다. 1지구 동복·김녕, 2지구 월정·행원, 3지구 한동·평대·세화, 4지구 상도·하도·종달이었다. 토벌대의 초토화로 조직이 사실상 궤멸 상태에 이르게 된 이해 12월 동부지구와 서부지구 등 2개 지구로 재편됐다. 이전의 1·2지구가 서부지구, 3·4

지구가 동부지구로 나뉘었다. 동부지구 책임자는 채진규의 하도학교 동창 강하용이었다. 동부지구에 수용된 피난민들은 주로 하도와 종달리 사람들이었다.

　조직 구성은 이명복의 기록과 채진규의 기억에 차이가 있다. 채 선생이 잘못 알고 있거나 기억에 착오가 있을 수 있다. 또는 이명복이 절체절명의 순간 위기를 모면하기 위해 둘러댔는지는 알 수 없다.

　채 선생은 구좌면 면책 아래 조직·선전·총무부가 있고, 부에는 부장이 있다고 했다. 면당부의 모든 행동 계획은 면책과 조직, 선전, 총무 등 네 명의 지도부가 결정했다고 기억한다.

　그러나 이명복의 기록에 의하면 인민투쟁위원장을 위시로 조직선전부장, 자위부장 등 세 명이 면당 지도부로 구성됐다. 다시 말해 선전책이었던 자신은 지도부가 아니라는 말이다. 이명복이 1948년 12월 면당부에 합류하기 전까지는 면당부 내 조직책이 선전책을 겸해 조직선전책이라는 직책이 있었다. 하지만 그가 면당부에 합류한 뒤 조직선전책이었던 양문하의 협조로 선전책을 맡았다고 했다. 조직선전책의 임무를 나눠 양문하가 조직책을 맡고, 이명복은 선전책을 맡은 셈이다. 그때 구좌면에 뿌려진 삐라는 구좌면투쟁위원회라는 명칭이 사용됐다.

　나는 이들의 기억과 진술이 맞다면 면당 조직이 최초의

상태로 유지된 것이 아니라 시간이 갈수록 토벌대의 공세로 위축되면서 조직 구성에 변화가 있었을 것으로 추측해봤다.

    *

청년들이 입산한 뒤 마을에는 광풍이 몰아쳤다. 종달리 주민들의 목숨은 산에서나 마을에서나 바람 앞의 등불처럼 흔들렸다.

성산포에는 성산을 중심으로 구좌와 표선까지 아우르는 성산포경찰서뿐 아니라 군부대도 있었다. 주민들은 성산포에 주둔한다고 해서 성산부대라고 불렀다. 성산부대 소속 채 소위는 군인들을 대동하고 가끔 마을에 나타났다. 뺨이 불그스름한 채 소위가 마을에 나타나면 주민들은 긴장했다. 12월 25일 산사람들이 주민들의 세간살이를 털어간 직후 성산부대 군인들이 나타났다.

"간밤에 이불이나 쌀, 그리고 무엇이든지 잃어버린 사람은 신고하라. 한밤중에 폭도들이 가져간 물건이 우리 부대에 와 있다. 거짓말하지 말고, 누구든지 자기 것만 찾아가라."

마을에 들어온 군인들은 주민들을 모아놓고 이렇게 말

했다. 군인들의 말을 곧이곧대로 들은 박종진은 신고하면 다시 찾을 수 있을 것으로 여겨 신고했다. 군인들로부터 돌아온 답변은 가관이었다.

"폭도들이 털어간 게 아니잖아? 너희들이 줬잖아."

박종진은 얼굴이 사색이 됐지만 내뱉은 말을 주워 담을 수 없었다. 여섯 명이 성산포 톳공장으로 끌려갔다. 닷새가 지났다. 박종진의 아버지가 채 소위를 잘 아는 마을 유지를 찾아갔다. 박종진의 집에는 재산 밑천이자 밭을 가는 소 한 마리가 있었다.

"집에 있는 밭갈쇠라도 바쳐서 어떻게든 아이들을 살려야 커라. 경 안 허민 여섯 명 모두 죽을 거여. 어떵허코."

아버지는 아들을 살리기 위해서라면 무엇이든 하려고 했다. 소가 없으면 일을 할 수 없었지만, 아들이 죽는데 셈을 하고 있을 처지가 아니었다. 울상이 된 아버지는 유지한테 제발 아들을 살릴 방법을 강구해보라고 소맷부리를 부여잡았다.

"게메, 무슨 수를 쓰지 않으면 다 죽을거우다. 나가 채 소

위한테 쇠 끄성 강 사정해보쿠다.”

유지도 딱하기는 했지만, 자신할 수는 없었다. 톳공장에는 수십 명이 구금돼 있었다. 날이 저물어갈 무렵이었다. 군인들이 구금된 종달리 청년들에게 말했다.

“너희들에게 비행기 타는 걸 구경시켜주겠다.”

군인들은 수용된 주민들을 고문하기 시작했다. 악명높은 ‘스탈린 비행기’ 고문이다. 의자에 올라서도록 한 뒤 양팔을 뒤로 묶어 천장에 매달고 의자를 빼버린다. 그렇게 하면 팔이 뒤틀릴 수밖에 없다. 밑에서는 몽둥이로 마구 내리친다. 악 소리도 나오지 않는다. 발을 묶어 거꾸로 매달아 고춧물을 코로 들이붓는 고문도 보았다. 고개를 돌리려고 해도 군인들의 눈초리가 무서워 돌리지도 못했다.

톳공장은 비명으로 가득했다. 고문 받던 사람들이 기절하면 옆방에 처넣었다. 이북 사투리를 쓰는 군인들은 몇 차례나 고문을 반복하며 자기들끼리 희희덕거렸다. 마을 유지는 박종진 집안의 밭갈쇠를 끌고 가 채 소위를 만났다. 소를 내놓으면서 청년들을 풀어달라고 호소했다. 그의 호소가 통했는지 여섯 명 모두가 마을로 돌아왔다. 청년들이 끌려간 지

닷새가 지난 12월 30일이었다. 닷새 동안 그들은 죽음의 공포
에 감금돼 있었다.

*

또다시 해가 바뀌었다. 1949년 1월 17일. 북촌리에서 2연
대 군인들에 의한 대학살이 벌어진 날, 이번엔 산부대의 습격
으로 종달리 주민 여섯 명이 사망했다. 주민들은 마을의 쉬는
팡(쉬어가는 곳)에서 보초를 서던 주민들이 당했다고 해서 '쉬
는팡 사건'이라고 했다. 다음 날부터 마을 주민들은 산부대의
습격을 막기 위해 성을 쌓기 시작했다. 마을은 내내 불안감이
엄습해왔다. 보복과 보복의 악순환이 계속됐다.

2월 3일 밤, 구좌면 평대리 중동 구좌면사무소 서쪽 100여
미터 지점 네거리에 산부대가 나타났다. 경비 순찰 중이던 마
을 대동청년단원을 살해하고, 주민 두 명에게 중상을 입히고
사라졌다. 산부대는 사라지면서 '면민에게 호소함'이라는 제
목의 삐라를 뿌렸다. 구좌면투쟁위원회 명의로 누런 창호지
에 '가리방'(등사판) 펜으로 쓴 삐라였다.

"친애하는 면민 여러분!
반동의 토막 선전에 속지 맙시다. 그리고 앞으로 닥쳐올
결정적 전투에 더욱 용감합시다. 가까운 승리를 확신하

고 적의 탄압과 꼬임을 박차내며 승리의 날까지 싸우자! 본 투쟁위원회는 언제나 3만 인민의 곁에 있으며 3만 인민의 자유를 위하여 사력을 다할 것을 굳게 약속하는 바입니다.”

사실상 구좌면당부의 마지막 삐라였다. 이런 선전물은 삐라를 보는 주민들에게도, 이를 뿌린 산사람들에게도 와닿지 않았다. 삐라는 그저 산부대의 구호로밖에 보이지 않았다. 이미 토벌대의 공세로 산부대는 궤멸 상태에 빠졌고, 피난민들은 하루하루 토벌을 피해 몸을 숨기기에 급급한 상태였다. 그런 상황에서 산부대의 습격은 토벌대의 보복을 가져왔다.

*

2월 10일. 세화지서 앞 창고 수용소에 다른 도피자 가족들과 함께 뒤섞여 수용 중이던 채진규의 아버지와 어머니는 수용소 밖으로 나왔다. 경찰이 수용된 주민들을 밖으로 나오도록 내몰았다.

‘아, 마지막이구나.’

수감자들은 마지막이 될 거라는 운명을 예감했다. 경찰

의 윽박과 고함이 창고를 가득 채웠다. 영원으로 가는 발걸음은 쉽게 떼어지지 않았다. 전날 내린 비로 길마저 질벅했다. 포승줄에 묶여 이들이 간 곳은 모래밭이었다. 도피자 가족으로 몰린 이들은 이곳에서 마지막을 맞았다. 채진규의 아버지와 어머니도 그 속에 있었다. 부모가 희생되자 독실한 불교 신자였던 그의 고모는 이렇게 외쳤다.

"진규가 납치된 것도 억울한데 어떻게 부모까지 죽일 수 있느냐. 어디 이럴 수가 있느냐!"

그 말이 빌미가 됐다. 고모는 꼭 한 달 뒤인 3월 10일, 마을 안에서 희생됐다. 술에 취한 군인이 고모에게 저쪽으로 걸어가라고 하더니 뒤에서 총을 쐈다. 세 번을 쏘아도 죽지 않자 확인 사살했다.

채진규의 납치 입산 뒤 아버지와 어머니, 아내, 고모, 그리고 후유증으로 이듬해 숨진 세 살 아들까지 모두 다섯 명이 희생됐다. 운명의 바람은 태풍이 바다를 뒤집어 놓듯 이렇게 채진규의 인생을 통째로 뒤흔들어 놓았다. 산에서 부모님이 희생됐다는 소식을 듣긴 했으나 전후 사정을 들은 건 산에서 내려온 뒤였다. 살아남은 친척으로부터 부모와 고모의 마지막을 전해 들었다.

*

　이야기를 하다가 문득 채 선생이 담배를 빼내 물었다. 눈은 깊은 우수에 젖었다. 말할 수 없는 비애의 그림자가 방안으로 밀려왔다. 방바닥을 향해 고개를 가로저으며 혼잣말을 했다.

　"강제로 올라갔든 자발적으로 올라갔든 어떻게 남아 있는 온 가족을 도피자 가족으로 몰아 죽일 수 있나……."

　나는 묵묵히 채 선생을 바라볼 뿐이었다. 아무런 이야기도 할 수 없었다.

기막힌
세월

2018년 1월 하도리 오영수 선생의 집을 찾았다. 인적 드문 한낮의 마을은 고요했다. 연두망동산에서 채진규의 부모가 영원으로 간 날, 열일곱 살 하도리 오영수도 도피자 가족이라는 이유로 부모와 함께 같은 수용소에 있다가 끌려나왔다. 혼자서 집을 지키던 오 선생은 그날의 일들을 때로는 담담하게 때로는 격렬하게 낯선 기자에게 풀어냈다.

"스무 살 형님이 조천 만세동산에서 열린 3·1절 기념대회에 참가했다가 세화지서에 붙잡혀 들어간 게 발단이 됐어요. 경찰은 형님한테 책임자가 누구인지, 어떤 일을 했는지 취조하면서 온갖 고문을 가했지요. 죽지 않을 정도로 때려 이가 부러지고 거동하지 못할 정도가 됐습니다. 지서에서 20여 일 정도 감금됐다가 풀려난 형님은 집에 있으면 다시 경찰에 붙잡혀 갈 수도 있겠다는 두려움에 집에 들어오지도 못하고 해안가나 창고, 중산간 굴 같은 곳을 떠돌며 바깥으로 전전할 수밖에 없었어요. 그게 우리 가족이 도피자 가족으로 몰린 이유예요.

시국이 갈수록 험악해지니 아버지는 어떻게든 형님을 찾아 육지나 일본으로 보내려고 백방으로 애를 썼어요. 초토화 시작 전이였어요. 왜정 때 동력선 면허증을 따고 함경도 청진까지 정어리잡이에 나섰던 아버지는 해방 이후에 범선을 탔거든요. 돛대 달린 풍선이라고 혹시 아세요? 그 배로 육지를 다녔어요. 그런데 세상에 그런 일도 있을 수 있을까요? 경찰이 하도포구에 배들을 모아놓고 운항을 하지 못하도록 모두 구멍을 냈어요! 도주하는 걸 막으려고 어선들을 그렇게 만들어버린 겁니다. 어떻게 그럴 수 있을까요? 배로 먹고사는 사람들인데 말이죠. 배를 아예 탈 수 없도록 해버려서 육지로 나갈 수도 없게 됐어요.

음력 10월 그믐날, 1948년 11월 30일이죠. 그날 부모님이 지서에 잡혀갔어요. 지서에서 민보단을 시켜 잡아오라고

한 겁니다. 산부대 습격을 막기 위해 마을마다 주민들로 구성된 조직 있잖아요. 도피자 가족들이 붙들려갔어요. 나는 6개월 정도 세화지서에서 급사로 일하고 있다가 부모님보다 보름 정도 늦게 수용소에 수용됐지요. 지서 바로 앞 건물이 수용소였어요. 작은 창고 같은 방에 주민들을 마구 집어넣으니까 말이 아니었어요, 정말. 그 공간이 7~8평 정도 됐나? 그 정도도 안 됐을 거예요. 그곳에 46명이나 수용했어요. 콩나물 대가리 모양으로 낮이나 밤이나 양손으로 무릎을 잡아 쪼그리고 앉을 수밖에 없었어요.

그 시절엔 참 악독했어요. 잡아가면 수용소에 그냥 수용하는 게 아니에요. 우선 지서에서 순경들이 사람을 아주 죽여놔요. 그렇게 만든 다음 수용을 해요. 아버지만 그렇게 당한 게 아니라 나도 그렇게 당했어요.

나도 전기뜸(전기고문)을 받았죠. 지금도 오른쪽 중지에 상처가 남아 있어요. 보세요. 보이죠? 이게 그때 전기뜸 받은 상처예요. 그것뿐이겠어요? 손가락 사이에 나무 막대기를 끼워 짓이기기도 했어요. 또 나무토막을 허벅지와 장딴지 사이에 끼우고 꿇려 앉으라고 해서 앉으면 위에서 그냥 밟아버리고, 아이고…… 내 나이 열일곱 살 때 일이에요.”

오 선생은 내게 상처난 손가락을 보여주더니 무릎을 구부린 자세로 쪼그려 앉고는 고문 받을 때의 모습을 재현했다. 그렇게 재현하다 한숨을 내쉬고는 다시 말을 이었다.

“내가 수용소에 간 뒤에도 여러 사람이 들어왔는데 그 사람들도 전부 그렇게 당했어요. 제주도 출신 경찰은 그렇게까지 하지는 않았어요. 육지에서 온 경찰들이 그랬어요. 왜 그랬는지 아세요? 형님 있는 곳을 대라는 거예요. 우리가 어떻게 알겠어요? 알고 싶어도 알 수가 없었거든요. 우리도 알아보려고 했지만 소식이 끊긴 지 한참이었는데…….

형님 소식은 나중에 아주 우연한 기회에 듣게 됐어요. 지서에 급사로 잠시 있을 때 형님과 함께 산에서 피신 생활을 하다 귀순한 형님의 하도학교 동창한테서 “네 형은 한겨울 산에서 동상에 걸렸져. 경행 옷으로 발을 싸매고 피신다니멍 살당 1949년 3월 28일 굶어죽었져”라고 들었어요.
그해가 정말 추웠거든요. 해안마을도 추운데 중산간은

오죽하겠어요? 입지도 신지도 먹지도 못하고 이리저리 숨어다니다 돌아가신 거잖아요. 그 생각을 하면 마음이 참 아려요. 당연히 형님 시신을 수습하고 싶었지요. 하지만 경찰 허가 없이는 아무 데도 다니지 못할 때였거든요. 수습할 수가 없었어요. 결국 시신도 찾지 못하게 됐어요. 지금 4·3평화공원에 가면 행방불명인 표석이 있어요. 아, 참 아파요……."

오 선생의 기억은 연두망동산 학살의 소환으로 이어졌다. 부모와 함께 처형장으로 갔다가 살아 돌아온 그는 그 순간을 흑백필름의 영상처럼 생생히 기억해냈다.

"이제 처형하는 날 이야기를 할게요. 이건 내가 경험한 것이기 때문에 덧붙이지도 빼지도 않고 말하는 겁니다. 그때 일은 기억하기도 꺼내기도 싫지만, 그래도 기자님이니까 그때 상황을 얘기할게요. 이런 일을 잊지 않아야 하기 때문에 말씀드리는 거예요. 나는 늙어서 활동할 수 없으니까 다시는 그런 일이 일어나지 않도록 알려주세요. 1949년 2월 10일 오전 10시께가 됐을 때였어요. 부모님과 나는 수용소에 여러 달 살았지요. 수용됐던 주민들을 모두 나오라고 해서 지서 앞에 세웠어요. 경찰관 네다섯 명이 우리를 포위해 경계하면서 연두망동산으로 끌고 갔어요. 부모님과 함께 처형장으로 가는 길은 추웠습니다. 전날은 비가 억수로 쏟아져 길은 질퍽했고, 냉기가 몸으로 훅훅 들어왔어요. 그 길이 길어봐야 1킬로미터도 채 안 될 거예요. 그곳으로 끌려가는 사람들 마음이 어땠을까요?

그런 심정, 기자님은 모르겠죠? 아마 보통사람들은 모를 겁니다. 경험해보지 않으면 알 수가 없지요. 그런 일을 경험한 사람들이 그렇게 많겠어요? 난 모르겠어요. 우리 부모님 심정을…… 그분들 심정을……."

처형장으로 줄을 이어 끌려가는 사람들의 마음을, 4·3 근처에도 가보지 못한 내가 어떻게 알겠는가. 오 선생이 품은 분노의 깊이를 절대 알 수 없다.

"연두망동산에 도착하니까 순경들이 우리를 줄지어 서도록 하더군요. 다 알잖아요. 이제 곧 죽을 거라는 것을. 여기저기서 우는 소리가 나고 난리가 아니었어요. 곧 처형이 집행될 순간이었지요. 그때 나는 하도학교를 졸업하고 지서에서 급사 생활을 해서 거기 온 순경을 알고 있었어요. 육지 사람이었는데 이름은 생각나지 않아요. 서

북청년은 아니었어요. 우리 아버지 어머니가 그 순경한
테 눈물범벅이 되도록 빌었어요.

"자식이 못나서 죽는 것은 좋은데 조상한테 물 한 그릇
떠놓을 수 있는 자손 하나만 살려줍서."
"나리님, 살려줍서, 살려줍서. 아들 하나만은 제사라도 하
게 살려줍서. 나리님, 저 아들만큼은 살려줍서."

아, 참……. 그 장면은 말이 잘 나오지 않네요. 어머님은 순
경들한테 나리님이라고 하셨어요. 비참했다고 할까요,
아니면 처절했다고 할까요. 아이, 그 모습은 더 말하지 못
하겠어요. 그 생각만 하면…….
그랬더니 얼굴 익숙한 순경이 나를 지목해서 지서 쪽으
로 가라고 했어요. 나는 잠깐 어머니 아버지를 보다 나와
서 걸었어요. 150여 미터 정도 갔던 길을 되돌아왔을까
요? 남아 있는 사람들을 열 지어놓고 팡팡해버리더라고
요. 그게 끝이었어요. 그 뒤에 다른 사람들 데려다가 죽이
고, 또 죽였어요. 나이 든 사람이나 갓난아기나 할 것 없
이 다 죽였어요. 그때 다 죽었어요.
인간이라면 어떻게 그럴 수 있는지……. 그래놓고 그 사람
들 그날 저녁 밥이 목으로 넘어갔을까요? 동료들과 희희

낙락할 수 있었을까요? 그 사람들도 집에 가면 부모 형제 있고, 처자식 있고, 자녀들 잘되기를 바라지 않겠어요? 도피자 가족은 사람이 아닌가요? 자식이 잘못하면 부모가 죽어야 하나요? 세상천지에 어떻게 그런 일이 있을 수 있을까요? 무슨 생각이 들었냐고요? 생각이 들고 말고가 없어요. 아무런 생각이 들지 않았어요. 심장이 멈추는 줄 알았습니다. 아이고 참……. 기가 막혀요, 기가 막혀.”

오 선생은 고개를 가로저었다. 검은 뿔테 안경 안으로 손가락을 가져갔다. 간간이 농사용 트럭이 지나는 소리가 들리는 마을, 야트막한 집들이 돌담으로 이어진 마을은 평화스러웠지만, 그 안의 이야기들은 고통스러웠다. 백구 한 마리가 마당에서 먹을 것을 찾는지 연신 땅바닥에 코를 대고 킁킁거렸다. 마루에 앉아 얘기하던 그는 밖을 쳐다보다가 대화를 중단하고 아무것도 없는 허공을 한참 동안 바라봤다.

“아 참, 차라도 내와야 하는데 잊어버려수다. 커피라도 가져오쿠다.”
“아닙니다. 선생님. 그냥 앉아 계십시오.”

오 선생이 화제를 돌리고 싶었는지 손님이 왔는데도 차

한 잔도 내놓지 않았다며 미안해했다. 일어서려는 오 선생
을 만류했다. 사람들은 그랬다. 슬픔이 응어리지고 또 응어리
져도 잊은 척 모른 척하고 산다고 했다. 그런데 그런 이야기
를 꺼내다보면 마음속 깊은 곳에서 불길이 확 번지는 것처럼
알 수 없는 무언가가 타오른다. 오 선생도 그 순간 뜨거운 무
엇인가가 솟구쳐 오르는 듯했다. 나는 그의 말을 곱씹으며 머
릿속으로 가만히 그림을 그렸다. 그리고 이어진 이야기. 듣고
있기만 하는 나 역시도 벅찼다.

"이틀인가 뒤에 세화리에서 비료 배급소를 운영하는 이
모부가 왔어요. 내가 살아 있다는 걸 알고 데리러 왔어요.
내 밑으로 열두 살 여동생과 여덟 살 남동생이 있었는데
부모님이 끌려간 뒤 친척 할머니가 돌봐준다고 알고 있
었어요. 이모부가 동생들을 데려가려고 하도리 집에 갔
는데 동생들이 없다는 겁니다! 바로 이 집이에요, 이곳이
었어요. 부모와 주민들을 총살한 경찰이 그날 오후 하도
리에 들이닥쳐 수용되지 않은 도피자 가족들을 다시 잡
아갔다는 겁니다. 어린 두 동생이 끌려갔어요. 아, 이 말
은 하지 않으려고 했는데……. 아……. 에이, 눈물이 나네요.
어떻게 말해야 할지 모르겠어요. 그때 주변에 사람들이
많았던 것 같아요. 그분들이 이야기하는 걸 들으면 말이

나오지 않아요. 동생들이 "아버지, 어머니 살려만 주세요", "하나님 살려만 주세요" 하면서 애원했다는 겁니다. 동생들이 살려달라고 매달리는데 차마 눈 뜨고 보지 못했다고 하더라고요. 그 어린 동생들이요. 생각해보세요. 어린아이들이 사람들 바짓가랑이 잡고 애원하는 모습을요. 그런 말을 들으면 더 기가 막혀요. 기가 막혀…… 그 말을 듣고 내가 어땠겠어요. 어렸지만 며칠 동안 밥도 못 먹었어요. 젊은 시절에는 내내 방황할 수밖에 없었어요. 무던히도 방황했어요. 지금도 그쪽을 지나가려고 하면, 지나온 날들을 생각하면, 아이고. 마음이 너무 쓰려요. 더 이상 못하겠어요. 여기까지만 할게요. 내가 경험한 이야기를 다 하면 기자님도 이해하지 못할 거예요. 이해하지 못해……"

아흔을 몇 년 앞둔 오 선생은 몇 번이나 기가 막히다고 했다. 나는 그의 말에 어떠한 반응도 보일 수 없었다. 요동치는 심장을 애써 눌렀다. 할 수 있는 말이 없었다. 이야기를 듣는 나도 고통스러웠고, 기억 저편의 장면을 소환해내는 그는 더 고통스러운 듯했다. 상상하는 것만으로도 힘든 그 기억을 꺼내게 한 스스로를 자책했다. 그의 트라우마는 깊고 깊었다. 그렇지만 그는 강했다. 죽음의 증언을 이어가다가 다시는 이런 비극이 일어나지 않도록 자신이 겪은 일을 알려야 한다고 단호한 목소리로 말했다.

2018년 1월 18일, 인적 드문 하도리 마을에서 그를 취재하고 돌아오는 발걸음이 어느 때보다 무거웠다. 운전하기가 힘들 정도였다. 올망졸망한 농로의 밭담 옆에 차를 멈췄다. 해가 지고 있었다. 붉은 노을이 서쪽 하늘을 물들이고 있었다. 회색 구름이 멀리 소나무 사이에 걸렸다. 오 선생에게 들은 이야기 속 숱한 이들의 삶과 죽음을 떠올렸다. 그의 말들, 표정을 떠올렸다. 돌담 옆 풀숲의 벌레 소리가 먼저 간 이들, 억울하게 간 이들을 위한 애도의 소리로 들렸다. 온 세상이 슬픈 소리로 가득 찼다. 작은 탄식이 흘러나왔다. 그 긴 세월, 그는 어떻게 견뎠을까.

산사람들

눈이 내린다. 나풀나풀 내리던 눈은 춤을 추듯 바람에 다시 올라갔다 흩어진다. 눈은 피난민들의 머리 위에 내려앉아 새치처럼 보이게 했다. 하늘을 쳐다본다.

'무슨 눈이 이렇게 내리지.'

머리에 내려앉은 눈을 쓸어낸 손에는 물기가 묻어났다. 온 세상이 하얗게 변해갔다. 채진규가 면당부의 호출을 받고 간 선흘곶의 생활은 고단하기만 했다. 따뜻한 방안의 온기가 그리웠고, 작은 방안의 질화로를 뒤적거리며 군고구마를 먹던 추억이 새록새록했지만 언제 그랬는지 떠오르지 않았다.

납치 입산한 지 두 달 조금 지났는데도 20년은 훨씬 더 지난 듯했다.

'지금 꿈을 꾸고 있는 걸까?'

채진규는 문득 그런 생각이 들었다. 같이 피난 생활을 이어가는 이웃들도 마찬가지였을 것이다. 피난민들이 모여 사는 곳은 사방이 수풀로 우거진 조그마한 공터였다. 굵은 나무를 베어내 만든 기둥 네 개를 땅에 고정한 뒤 나뭇가지를 꺾어서 위를 가리고 집에서 급하게 가져온 광목천으로 바람을 막은 게 전부였다. 바람이 허름한 피난터를 쓸고 나뭇가지 사이로 지나갔다. 나무 이파리를 얼기설기 엮은 지붕 사이로 얼핏 설핏 하늘이 보였다. 바람에 쓸린 눈이 가끔 나무와 나무 틈새를 비집고 들어왔다. 바람과 함께 들어온 눈은 채진규의 마음도 함께 쓸어갔다.

구멍 뚫린 신발 사이로 눈 녹은 물이 들어갔지만, 수풀 우거진 곶자왈 생활에 단련된 탓일까. 발은 이상하게 시리지 않았다. 너덜너덜해진 신발은 멩게낭 줄기나 미녕을 찢어 동여맸지만 동상에 걸린 적도 없었다. 스스로 생각해도 신기했다. 산에 납치될 때 입고 간 옷으로 몇 달을 살았다. 갈아입지 못한 옷은 번들거렸다. 다른 피난민들도 마찬가지였다. 머리는 오래도록 감지 못해 산발이 됐고, 아무렇게나 보이는 대로 껴입은 옷은 여기저기 닳고 해졌다.

처음 입산했을 때만 해도 밥 구경은 했다. 마을에서 어느 정도 식량을 조달해와 거친 조였지만 밥을 지어 먹었다. 마을 경비가 심하지 않을 때를 틈타 가족이나 친지를 찾아 구하거나, 야간에 직접 내려가 몰래 훔쳐오기도 했다. 중산간 마을 주민들은 토벌대의 강요로 마을을 떠나 해안마을로 소개될 때 돌아오면 먹으려고 집 주위나 우영팟에 땅을 파서 식량을 묻어두고 내려갔다. 그것을 비장이라고 했다. 선흘곶에서 가까운 송당리나 덕천리 주민들도 껍질을 벗기지 않은 벼나 메밀을 땅속에 감춰두고 떠났다. 피난민들은 그것들을 찾아 끼니를 채웠다.

하지만 그것도 잠시. 토벌이 심해지자 식량 사정은 극도로 나빠졌다. 토벌대는 눈에 보이는 대로 압수하거나 불에 태웠다. 비장했던 식량도 마찬가지였다. 대토벌 이후에는 늘 굶주림에 시달렸다. 토벌이 심해질 때는 하루 한 끼를 먹는 둥 마는 둥하면서 피해 다녔다. 오직 살기 위해 이곳저곳 숨어지냈다. 선전책 이명복마저 덕천과 송당, 선흘 지역의 식량 확보에 동원됐다.

밀림과도 같은 선흘곶 곳곳은 숲속의 작은 공동체이자 거대한 피난처였다. 이들 말고도 해안으로 내려가지 못한 주민들이 총구를 피해 선흘곶의 수풀과 동굴 속에 스며들었다. 어떤 굴은 토벌대에 발각돼 모두가 몰살당했다. 또 다른 굴에서는 울음소리가 새어나가지 않도록 입을 막은 갓난아이가 죽었다.

김녕리와 송당리에서 온 여인들도 있었다. 이명복의 어머니도 그들 틈에 있었다. 아들의 입산으로 시시각각 죄어오는 토벌대의 눈초리를 피해 온 것도 이유지만 조금이라도 아들 가까이 있으면 행여 볼 수 있지 않을까, 어디 다치지나 않았을까 하는 기대와 걱정으로 가득찬 모성애의 발로이기도 했다.

피난 온 여인들은 마을에 내려가 구해온 벼나 메밀을 밤새 불을 켜놓고 맷돌로 갈았다. 그 껍질을 벗겨 죽을 만들어 먹기도 했다. 한밤중 그때는 그나마 시름을 잠깐 내려놓을 수 있었다. 피난민들은 일제 강점기 일본에서의 일, 친구들과의 추억을 나누며 나지막이 웃었다. 그 시절로 돌아갈 수만 있다면 하는 얼굴들이었다.

이제는 돌아갈 수 없는 시간이었다. 순식간에 너무나 많은 것들이 변해버렸다. 빛이 새어나갈까 나무와 천 조각으로 얼기설기 가린 좁은 공간에서 모닥불이 황황히 타올랐다.

새까만 어둠에 박힌 별들은 밤이 깊을수록 유리알처럼 더욱 반짝거렸다. 나뭇가지들이 타들어가며 내는 붉은 불빛이 물컹물컹한 어둠에 스며들고 있었다. 엄마 어깨에 기댄 여덟 살 해실이가 어둠에 묻힐 듯 꺼져가는 불빛을 헤집자 검은 재가 나풀거렸다. 해실이의 눈이 반짝 빛을 발했다.

일본 오사카에서 태어나 방직공장에 다니던 부모와 5년을 살다 온 해실이는 글쓰기를 좋아했다. 해실이네 가족은 해방 직전 돌아와 고향 선흘에 정착했다.

언제나 긴머리를 단정하게 빗어넘겨 한 갈래로 묶고 다니는 해실이는 가늘고 긴 눈썹에 쌍꺼풀이 짙었고, 콧날이 오똑했다. 얼굴선은 갸름했고, 이마가 살짝 도드라져 있어 총명한 인상까지 더했다. 오사카 이카이노에서도 아버지의 손을 잡고 조선시장에 나서면, 조선사람이든 일본사람이든 가리지 않고 모두들 해실이를 한 번씩 더 돌아보며 "누구 집 아기냐"고 했다. 그 말이 싫지 않았던 아버지는 종종 데리고 나섰다.

제주로 돌아와 국민학교에 들어가자 또래 남자아이들의 선망이 됐다. 동네 삼촌들은 '아카짱'이라고 부르며 귀여워했다. 사태가 나기 전까지만 해도 해실이는 가끔 아빠와 곶자왈에 놀러 다녔다. 그러나 얼마전, 대토벌을 피해 몸을 숨겼던 아버지의 소식이 끊겼고, 더이상 행방을 알 수 없었다. 해실이는 어렴풋하게나마 아버지에게 무슨 일이 생겼다는 걸 눈치챘다.

해실이가 갑자기 뭔가 생각났는지 나뭇가지를 내려놓고

는 주머니에서 꼬깃꼬깃 접은 종이쪽지를 꺼냈다.

　"엄마, 예전에 아빠랑 선흘곶 갔다와서 동시를 지었는데
들어볼래?"
　"그래? 그럼 이 삼촌들 앞에서 조용히 낭독해봐."

　모닥불 주위에 모여 앉았던 피난민들이 조용히 웃음을 지
으며 해실이를 바라보았다. 부끄러운 듯 웃으면서 일어난 해
실이가 종이쪽지를 펴고 예쁜 목소리로 낭독하기 시작했다.

　"제!목! 선흘 곶자왈의 자장가."

　따뜻한 불빛을 받아 얼굴이 발그레진 해실이가 삼촌들
을 흘끗 쳐다보며 눈웃음을 지었다.

　"선흘 곶자왈이 나에게 자장가를 불러줍니다.
　나는 선흘 곶자왈 나무에서 잡니다.
　선흘 곶자왈이 비를 막아주고 그늘을 쳐줍니다.
　선흘 곶자왈은 나의 엄마입니다.
　선흘 곶자왈은
　풀잎이랑 꽃들이랑 같이 노래합니다.

잘 자라, 우리 아가.
선흘 곶자왈은 우리의 엄마입니다."

동시를 읽고 난 해실이가 주머니에 다시 종이를 찔러넣으며 부끄러운 듯 고개를 숙이더니 엄마의 등 뒤로 가 목에 매달렸다. 주위에 앉았던 사람들은 박수 대신 웃음으로 해실이를 응원했다.

"해실이는 얼굴도 예쁜데 글도 잘 쓰는구나."
"우리 아카짱, 시인이 다 됐네. 나중에 훌륭한 시인이 될 거야."

모처럼 타들어가는 불빛 속에서 사람들이 한마디씩 덕담을 건네며 웃음을 지었다. 어둠과 불빛과 둥그렇게 모여 앉은 사람들의 그림자가 교차한다. 검은 재가 그 사이로 얼기설기 올라간다.
엄마의 품에 기대 조용히 눈을 붙이던 다섯 살 영희는 문득 고개를 들더니 밤하늘을 향해 손가락을 뻗었다.

"엄마, 별들이 참 곱다. 우리 집에서 볼 때보다 별들도 많고 더 반짝반짝 빛나. 어떵행 저추룩 고울까?"

"영희야, 밤이 깊어질수록 별은 더 밝게 빛난단다. 밤이 깊다는 건 새벽이 가까이 온다는 거야. 새벽이 오면 찬 기운이 사라지고 따뜻한 기운이 돌아와. 희망이 온다는 말이지. 며칠만 있으면 우리도 따뜻한 구들에서 지낼 수 있을 거야."

"몇 밤만 자면 우리 집으로 갈 수 있는 거야? 친구들과 놀 수 있는 거야?"

"그래. 며칠만 더 있으면 집에 갈 수 있어. 며칠만 참자."

엄마는 메밀껍질을 벗기던 손을 멈추고, 미소가 번지는 얼굴로 영희의 양 볼을 가만히 감싸 쥐었다. 영희도 두 팔을 벌려 엄마를 꼭 끌어안았다.

"아이, 좋아. 빨리 그때가 오면 좋겠다."

영희는 따뜻한 화롯가를 찾는 고양이처럼 천천히 엄마의 품속으로 파고들며 스르르 눈을 감았다. 아이들의 옥구슬 같은 목소리가 불길 위로 낮게 흘러가자, 불가에 모여 있던 사람들의 얼굴에도 천천히 온기가 번졌다. 그림자가 불길에 춤을 췄다. 어둠을 삼키는 주황빛은 그러나 제 몸이 어둠에 물들어갔다. 다시 얼굴들이 굳어졌다.

운이 좋아 말고기를 먹을 때도 있었다. 중산간에는 방목하다가 소개돼 내려가며 미쳐 데려가지 못해 주인 없이 남겨진 소와 말들이 있었다. 야우, 야마라고 했다. 그런 말을 잡는 데 빼어난 기술을 가진 송당리 남자가 가끔 어떻게 잡았는지 말을 잡아오곤 했다. 채진규나 산사람들이 보기에도 감탄할 만한 재주였다.

말을 잡으면 큰 솥에 삶아서 모두 나눠먹었다. 말고기는 햇볕에 말리면 물기가 빠져 오랫동안 갖고 다닐 수 있는 비상식량이 됐다. 토벌대의 습격으로 흩어질 때 요긴하게 쓰였다. 채진규와 산사람들은 마른 말고기를 찢어 먹으며 단백질을 보충하고 허기진 배를 달랬다.

*

그날도 밤이었다. 하늘을 쳐다봤다. 파들파들 흩날리는 눈. 캄캄한 밤하늘에 솜털처럼 가벼운 하얀 눈이 춤을 췄다. 눈은 산사람들이 기거하는 천막 위로도, 채진규의 머리와 어깨 위로도 내려앉았다.

채진규와 부녀자들이 일하는 사이에는 공간을 구분하기 위해 어설프게나마 가림막을 쳤다. 채진규가 등사기로 삐라를 등사하는 가림막 너머에서 이명복의 어머니와 송당 출신 여인이 죽을 쑤기 위해 밤새 불린 메밀을 맷돌에 갈고 있었다.

"탕! 탕탕탕!"

별안간 총소리가 이어졌다. 2월 초 어느 날 새벽 5시. 아직 어둠이 완전히 가시지 않은 시간이었다. 토벌대가 기습했다. 사방에서 총소리가 난무했다. 면당부 요원과 피난민 들은 갑작스런 총소리에 허겁지겁 뿔뿔이 흩어졌다. 등사 중이던 채진규도 총소리를 듣자마자 급하게 피했다.

이명복의 어머니가 붙잡혔다. 서청 출신 경찰들은 아들의 행방을 알아내기 위해 어머니에게 말로 다 할 수 없는 고문을 가했고, 며칠 뒤 마을 안 밭으로 끌고 갔다. 그렇게 이명복은 어머니를 잃었다. 마을에서도 인심 좋기로 소문 났던 어머니의 비극적인 죽음에 대해 누구도 입을 열지 못했다. 모두가 쉬쉬했다. 이명복에게 어머니의 죽음은 평생 지울 수 없는 상처로 남았다. 일본으로 떠난 그가 두 번 다시 고향 땅을 밟지 않은 이유이기도 했다.

이명복이 몸을 피할 때 미처 등사기를 챙길 여유가 없었다. 이동할 때마다 둘러메고 다니던 것이었는데, 그럴 경황이 없었다. 등사기도, 잉크도, 종이도 없었다. 그때부터 산에서의 선전 활동이 중단됐다.

　　　　　*

　이명복의 어머니는 똑똑하고 잘난 삼대독자 아들을 끔찍이 아꼈다. 고모들도 모두 그를 아꼈다. 이씨 집안의 귀한 자손이었다. 도쿄에서 만난 김 선생은 나에게 자세한 말은 하지 않았으나, 일본에서 발행하는 잡지에 자신의 경험담을 썼다고 했다.

　제주도로 돌아온 뒤 한동안 김 선생이 한 말을 잊어버리고 있다가 어느 날 갑자기 떠올랐다. 일본 국회도서관에서 찾은 4·3 관련 자료들을 다시 훑어보다가 그가 60대 후반에 쓴 글을 발견했다. 글에는 그의 분노가 날카롭게 묻어났다. 그 속에서 처절했던 한 여인의 마지막을 보았다. 죽음보다 더 강한 모성애가 있었다. 나는 그렇게 해석했다.

　이명복의 어머니가 세상을 떠날 무렵 김호세는 중학교 1학년생이었다. 아직 어렸지만 산부대와 주민들의 접촉을 막기 위해 쌓은 성담에 2~3일에 한 번꼴로 철창을 들고 보초를 섰다. 가끔은 지서의 보초를 서기도 했다. 지서 보초를 설 때마다 지서 안에서 들려오는 비명 소리에 전율했다. 그런데 웬일인가. 어느 날 밤, 그날도 고문에 못 이겨 지르는 비명을 들었다. 익숙한 목소리였다. 아버지와 어머니였다. 이명복의 가족이 마을에서 사라지자 가장 가까운 친척이라는 이유로 그의 부모가 끌려가 고문을 받고 있었던 것이다.

이명복의 입산 이후 집에 남은 그의 어머니와 여동생은 물론이고 친척들까지 거의 매일 경찰에 불려갔다. 이명복을 찾아내라, 이명복이 있는 곳을 대라며 고문했다. 모두에게 '빨갱이 일족'이라는 낙인을 찍었다. 양민증도 내주지 않았다. 양민증이 없으면 마을 안에서도 다닐 수 없었다. 결국 이명복의 어머니는 아들을 찾아 산간지대로 도피했다. 그렇게 선흘곶으로 들어갔다.

1949년 2월. 악명높은 백골대대가 토벌대로 마을에 들어왔다. 다음 날 아침 일찍 이들은 길을 안내하는 지로인을 앞세우고 토벌에 나섰다. 그날 저녁, 포승줄에 묶인 서너 명이 끌려왔다. 전 해에 입산한 이명복의 어머니, 친구의 어머니와 다섯 살 난 딸이 있었다. 채진규와 같이 있던 이들이었다. 어린 김호세는 그들이 끌려오는 장면을 봤다.

다음 날, 지서의 상황을 살피러 간 그는 안에서 고문당해 울부짖는 수리를 들었다. 고문의 고통을 참지 못하고 지르는 비명은 사람의 소리가 아니었다. 김호세는 그대로 주저앉을 뻔했다. 훗날 이명복의 어머니가 그 고문을 받기 전에 밧줄에 묶인 채로 끌려다니며 온갖 모욕을 당했다는 이야기를 들었다. 불에 달군 쇠꼬챙이로 고문을 당했다는 이야기도 들었다. 서청 출신 특무대장의 짓이었다. 아들의 행방을 대라는 그 지

독한 고문에도 어머니는 입을 열지 않았다. 며칠 뒤 이명복의 어머니와 친구의 어머니, 그리고 어린 딸은 마을 근처 밭으로 끌려가 마지막을 맞았다. 오직 아들의 안위만을 걱정했다. 이명복의 어머니는 고문으로 걷지 못해 총살 장소까지 기어갔다고 한다.

나는 김 선생의 글을 읽으면서 이명복이 왜 그토록 보고 싶어 했던 부모의 산소를, 그토록 오고 싶어 했던 고향 땅을 두 번 다시 밟지 않았는지 생각했다. 왜 고개를 숙일 수 없다고 했는지 어렴풋하게나마 짐작했다. 어머니에 대한 그리움과 죄책감이 쏟아졌으리라.

낯선 이국에서 숱한 불면의 밤을 보냈을 이명복을 생각한다. 평생 가슴에 시커먼 응어리를 안고 살아간 그를 생각한다. 그것은 회한과 무참함으로 다가왔다.

이명복이 도쿄로 가는 열차 안에서 승객들의 시선에도 아랑곳하지 않고 향을 피워 어머니의 제사를 지내며 피울음을 토해낸 이유를 알 듯했다.

답답함이 또다시 나를 짓눌렀다. 차를 타고 해안도로로 갔다. 이명복과 비명에 간 그의 어머니를 그려본다.

세상이 거칠다. 바람도, 바다도. 거친 바다는 까만 현무암 바위에 제 몸을 부딪히며 거친 백파를 쉴새 없이 만들어낸다. 백파 너머, 검은 바다 너머, 흐릿해진 수평선을 바라본다.

*

갈수록 토벌은 강도를 더해갔다. 한 곳에 머물 수도 없고, 여러 명이 단체로 생활할 수도 없었다. 3인 1조로 분산해 생활했다. 토벌대의 습격에 대비해 1선, 2선 등으로 대비책을 정한다. 대대적인 토벌이 전개되면서 산부대의 아지트가 발각될 우려가 있자 해산 명령이 내려졌다가 선을 정해 모이곤 했다. 말이 분산이고 선을 정하는 것이지 그날그날 토벌대를 피해 다니는 게 전부였다.

“안전한 곳을 찾아서 피했다가 저녁 00시 선흘경 1선에서 집합하시오. 1선에 와서 상황이 불리하면 2선으로 집합하시오. 암호는 00이오.”

토벌대 습격으로 뿔뿔이 흩어질 경우를 대비해 미리 산사람들이 만날 장소를 공유하고, 그날그날 암호가 나왔다. 위에서 내려오는 암호는 제주도 전역이 같았다. 산사람이 잡혀가면 토벌대는 그 사람을 지로인으로 대동해 1선이나 2선에 대기한다. 때문에 접선 장소에 접근해도 주변을 용의주도하게 살펴야 했다. 1선의 상황이 좋지 않다고 판단하면 2선으로 가고, 2선의 상황도 나쁘다고 판단하면 3선으로 가는 식이었다. 그렇지 않으면 산속에서 흩어진 사람들이 어디서 만나야 할지 몰랐다. 산사람들끼리는 선을 옮길 때도 나뭇가지 방향을 어느 한쪽으로 세우거나 눕히는 등의 방법으로 위험 표시를 알리는 약속이 있었다.

선흘곶에서 토벌대의 습격을 받아 흩어진 뒤부터는 토벌이 심해져 더 깊숙한 곳으로 들어가야 했다. 주로 교래리 위쪽에서 피난 생활을 이어갔다. 그날 이후 채진규는 함께 있던 피난민들과 같이 움직이지 못했다. 7~8명밖에 남지 않았다. 게다가 줄곧 함께 있던 이들이 아닌, 각지에서 쫓기다 만난 사람들이었다. 토벌이 강화돼 피난민들이 자주 만날 기회도 없었다. 토벌대에 쫓길 때는 한라산 근처까지 피신했다. 피난 다니다보면 한두 명씩 흩어져 피난 생활을 하는 피난민들을 만나곤 했다. 말 한마디 건네지 못하고 스칠 때도 많았다.

눈은 야속하게도 얼어붙은 채진규의 마음을 더 얼어붙게 하고 있었다. 토벌대에 죽어간 아내와 부모를 생각할 여유도 없었다. 아내에 대한 연민, 어머니에 대한 그리움도 얼어붙었다. 감정이란 여유를 뜻했다. 오직 살아야 했다.

2연대는 대대적인 토벌에 나섰다. 교래리 위쪽, 지명도 모르는 곳에서 피난 생활을 하다 위험한 상황을 만났다. 채진규 일행은 교래리 위쪽 냇가에 있었다. 그날도 눈이 내렸다. 푹푹 빠져 한 치 앞도 나아가기 어려운 산. 눈이 내리고 있었지만 희미하게 햇볕이 들어 그다지 춥게 느껴지지는 않았다.

교래리 주둔 2연대 군인들은 부근에 천막을 치고 숙영하며 토벌에 나섰다. 피난민 일행도 토벌대가 들이닥치는 순간을 살펴야 했다. 일행은 군 주둔지를 피해 높은 곳에 몸을 숨긴 채, 군인들이 움직이는 상황을 주시했다. 순서를 정해 보초를 섰다. 피신 중 잠시 쉬는 동안 일행 가운데 한 사람씩 교대로 망을 보며 토벌대의 기척을 살폈다.

마침 그날, 그 시간에는 채진규가 섰다. 일행이 쉬는 냇가에서 300여 미터 정도 곧장 내려와 보초를 섰다. 그곳에서는 군인들의 움직임을 볼 수 있었다. 겨울이지만 밀림처럼 나무들이 우거져 키 큰 나무 꼭대기에 올라가 앉으면 외부에서는 잘 보이지 않았다. 반대로 군인들의 동태는 살필 수 있었다. 몇십 분 지났을까. 흐릿하게 내리는 눈 사이로 햇빛이 비치고 있었다.

군인들이 주둔한 방향을 살피고 있다가 순간 악, 하고 소리를 지를 뻔했다. 한 무리의 토벌대가 채진규가 앉아 있는 나무 밑을 지나가고 있었다.

'아, 빨리 가서 토벌대가 올라온다고 알려야 할 텐데.'

　미처 알리러 갈 사이도 없이 토벌대는 그가 앉아 있는 나무 밑을 통과해 곧장 냇가 쪽으로 향했다. 앞만 바라보고 전진해 나무 위는 쳐다보지 않았다. 5분쯤 지났을까. 요란한 총소리가 나뭇가지를 흔들기 시작했다. 냇가에 앉아 있는 피난민 일행을 발견하자 토벌대가 집중사격을 가했다. 비명소리가 들리고 피난민들은 또다시 흩어졌다. 토벌대의 날카로운 목소리와 둔탁한 총소리들이 눈 덮인 수풀을 흔들어놓았다. 깜짝 놀란 새들이 날아갔다.

　채진규는 총소리가 그친 뒤에도 한참 동안 나무 위에 그대로 앉아 있었다. 온몸이 부들거렸다. 토벌대가 모두 지나간 듯하자 나무에서 내려왔다. 숨을 죽이고 사방을 살피며 냇가로 갔다. 같이 피난 중이던 마을 선배 최종인이 총에 맞아 냇가 한 가운데 쓰러져 있었다. 다른 이들은 모두 어디론가 피신한 상태였다. 피신했던 일행들이 하나둘 모였다.

　조금 전까지도 생사를 같이 했던 마을 선배의 죽음 앞에서 마음은 안타까웠고, 착잡했다. 손등으로 눈가를 훔쳤다.

'이대로는 안 된다. 이대로는 안 된다. 주검을 냇가에 그대로 둘 수 없다. 비라도 내리면 쓸려갈 텐데.'

이심전심 일행들과 함께 온 힘을 다해 시신을 끌어올렸다. 눈을 헤쳐 꽁꽁 언 흙을 파헤치려 했지만 도구가 없어 쉽지 않았다. 주변의 나뭇가지를 꺾어 조금 팠다. 흙을 덮는 척만 하고 돌아나왔다. 채진규는 땀으로 흠뻑 젖어 있었다.

하산

프로펠러 연락기가 교래리 부근 곶자왈 상공을 낮게 날며 삐라를 뿌려댔다. 연락기의 비행 소리에 놀란 노루가 수풀 속으로 뛰어 달아났다. 무정하게 내리던 눈이 그쳤다. 오지 않을 것 같던 봄이 다가오고 있었다. 대지에는 푸르름이 돌아났다. 눈 속에 파묻혔던 복수초가 얼었던 대지를 뚫고 푸른 싹과 함께 노란 얼굴을 내밀었다. 세상이 초록으로 변할 날이 가까워지고 있었다.

1949년 3월 2일, 제주도지구전투사령부 설치 이후 토벌과 함께 선무작전이 이루어지고 있었다. 귀순하면 살려준다는 삐라가 제주도 곳곳에 뿌려졌다. 산간에 뿌려진 삐라를 보고 하얀 광목을 나뭇가지에 내건 피난민들이 산에서 내려왔다. 두루마기를 입은 할아버지가 보따리를 옆에 끼고 손자의 손을 잡고 내려왔다. 아기를 업은 젊은 어머니는 그 뒤를 따랐다. 귀순의 행렬이 길게 이어졌다. 일행과 헤어져 수풀 속에 숨어 살던 채진규도 주변에 떨어진 삐라를 주워들었다. 국방부장관 신성모 명의로 귀순을 촉구하는 내용이었다.

"인자하신 대통령 각하께서는 그대들의 어리석은 것을 불쌍히 여기시고 친히 부인 동반 내도하사 국방부장관을 불러 지금이라도 귀순하는 동포에 대해서는 그 생명을 보장하라고 명령을 내리셨다. 산에 있는 동포들이여! 지금이라도 늦지 않았다. 오늘까지의 모든 것을 청산하고 속히 돌아오라. 귀순하라!"

'인자하신 대통령이라고?'

채진규는 쓴웃음이 나왔다. 그러나 마음이 흔들렸다. 열흘 이상을 혼자 산속을 전전하는 중이었다. 산에 있어도 갈 곳이 없었고, 먹을 것도 없었다. 더는 버틸 수 없었다. 토벌도 조금 누그러진 듯했다. 마침내 결심했다.

‘내려가자. 마을에 내려가면 어떻게든 되겠지. 설마 죽이 기야 하겠어? 귀순하면 살려준다고 하잖아. 어떻게든지 살아날 방법이 있을 거야.’

막연한 생각이 머리를 가득 채웠다. 1949년 5월 초순, 교래리 위쪽에서 혼자 하산하기 시작했다. 날짜는 정확하게 기억하지 못하지만 고사리 철이었다. 경찰의 경계 아래 여인들이 고사리를 꺾고 있었다. 마을로 내려가다가 고사리 캐는 사람들이 보이면 숨었다가 다시 걸었다. 폐허가 된 집터에서는 허기진 배를 채우려고 먹을 것을 찾아 기웃거리다 나물을 뜯어 먹었다. 은월봉 근처까지 내려왔다. 누군가 은월봉 위에서 뛰어가는 모습이 보였다. 아차, 하는 생각이 퍼뜩 스쳤다. 보초를 서다가 그를 발견하고 뛰어가는 것이었다.

‘나를 봤구나. 큰일 났다.’

은월봉 뒤로는 숲이 우거져 있었다. 봄이라 이파리들도 푸릇푸릇하게 돋아나 있었다. 자왈 속으로 뛰어들었다. 30분 정도 지났을까. 경찰 토벌대가 허겁지겁 나타났다. 밖에서는 보이지 않았지만 수풀 속 바위틈에 숨은 그는 토벌대의 움직임을 볼 수 있었다.

"폭도 한 마리가 이 근처에 숨어 있으니 철저히 수색해서 꼭 잡아야 한다."

대장이 카랑카랑한 목소리로 명령했다.

*

'한 명'이 아니라 '한 마리'라고 했다. 나는 내가 잘못 들었나, 싶어 채 선생의 말을 끊고 물었다.

"한 마리라뇨? 그게 무슨 말입니까?"
"한 마리! 우리를 사람으로 본 게 아니오. 개나 돼지로 본 거지. 같은 사람으로 봤으면 한 마리라고 했겠소? 그 당시는 군이나 경찰이 산사람들을 보는 눈이 그런 것이었소. 아무리 피난민이라 하더라도 그 사람들 눈에는 그렇게밖에 보이지 않았던 거지."

채 선생은 그 말을 아직도 잊지 못한다고 했다. 토벌대가 '한 마리'라고 말하는 순간, 그것은 사람을 인간 이하의 존재로 격하한 비인간화와 다름없었다. 인간적 연민이 있을 수 없고, 그래서 그렇게 쉽게 학살할 수 있었으리라. 동족이 아닌 하위 인간이나 동물로 여기는 것은 살해의 죄책감을 덜어주기에.

*

토벌대는 철창으로 숲이나 돌 틈을 쑤시면서 지나갔다. 한참을 그렇게 돌아다녔다. 숨소리조차 낼 수 없었다. 말로 표현할 수 없을 정도로 긴장한 온몸의 신경이 토벌대의 움직임을 쫓아갔다.

"찾아봤지만 이곳에는 없는 것 같습니다. 벌써 도망간 것 같습니다."
"음. 그러면 수풀로 해서 다랑쉬오름 쪽으로 도망간 거다. 이 길로 도망간 게 분명하다. 가자!"

그들이 나누는 이야기가 생생하게 들렸다. 토벌대는 다랑쉬오름 쪽으로 이동했다. 토벌대가 사라진 뒤에도 바로 나올 수 없었다. 한참을 숨죽인 채 있다가 수풀에서 나왔다. 그제야 한숨을 쉬었다. 산에서 그런 크고 작은 토벌을 일곱 번 당했다. 세 번은 위험한 상황을 맞았다. 이번이 그 가운데 하나였다. 사람의 목숨이 쇠 힘줄처럼 질기다는 걸 깨닫는 순간이었다.

해는 사라지고 밤이 됐다. 종달리다. 집이 가깝다. 집 뒤편으로 산사람들의 습격을 막기 위해 성담이 둘러쳐져 들어갈 수 없었다. 할 수 없이 바닷가 쪽으로 갔다. 10여 가구가 모여 사는 그곳에 친척 누님이 살고 있었다.

'누님 집에 가면 먹을 거라도 좀 주겠지.'

마을 사람들의 눈을 피해 몰래 찾아갔다. 어두운 초가 문틈으로 속삭이듯 친척 누님을 깨웠다.

"잠수과? 잠수과?"

누님이 그의 목소리를 알아들었다. 후다닥 일어나는 듯했다.

"아이고, 거 누게니?"
"나우다. 진규."

잠시 뜸을 들이다 문을 열지 않은 채 또다시 목소리가 들려왔다.

"무사 여기 와시니?"
"내려와수다. 귀순허젠 내려와수다."
"혼저 가라! 혼저 가라게. 여기 있당 누게 보민 어떵허젠 햄시니.”

방안에서 안절부절 못하는 누님의 목소리에는 조바심이
흠뻑 묻어 있었다.

“제기 가라게.”

마당의 어둠 속에 몸을 웅크린 채 누님의 목소리를 들어
야 했다. 자신을 머물게 했다간 누님 가족이 큰일을 당할 수
도 있으니 그럴 수 있겠다고 생각하면서도 한편으로는 섭섭
했다. 어쩔 수 없이 그냥 돌아나온 그는 바닷가 쪽을 돌아 신
전동으로 갔다. 그곳에는 제자가 살고 있었다.

“한식이 이시냐? 나여.”
“누구우꽈?”

한식이가 잠이 덜 깬 목소리로 재차 물었다.

“나라. 채 선생.”
“아이고, 선생님! 언제 와수과?”

한식이는 자다가 벌떡 일어나 방문을 열고 반갑게 맞아 주었다.

"들어가도 되커냐?"
"예게. 들어오십서. 이 밤중에 무신 일이우꽈? 산에 있댄 헌 소식은 들어수다만은."
"귀순허젠 마음 먹엉 내려왔져."

방으로 들어간 그는 그제야 벽에 기대고 긴 한숨을 내쉬며 다리를 뻗었다.

"선생님, 할아버지가 피우던 잎담배 이신디 피우시쿠과?"

채진규가 담배 피우는 걸 자주 봤던 한식이 할아버지가 피우던 연초를 내왔다.

"고맙네."

오랜만에 맛보는 담배였다. 한 모금 빨았더니 담배 연기가 몸속으로 퍼지며 갑자기 현기증이 났다.

"이 밤중에 여기까지 오멍 아무 것도 못 먹었지예? 조금만 기다리십서."

부엌에 들어가 달그락거리더니 낭도고리(함지박)에 뭔가를 담아왔다.

"이거라도 먹으멍 잠시 요기허십서."

찐고구마였다. 식었지만 그렇게 맛있고 고마울 수가 없었다. 고구마를 허겁지겁 먹고 있는데 한식이가 조심스레 말했다.

"선생님, 이 신전동으로 행 부락으로 들어갈 생각은 절대 허지 마십서."
"무사?"
"이리로 들어가민 보초가 성 이시난 금방 잡힙니다. 산으로 가든지 다른 디로 갈 방법밖에 어수다."

그런 말을 듣고보니 고민에 빠졌다. 어떻게 해야 하나, 망설이다 불현듯 생각이 나자 고개를 들어 한식이를 쳐다봤다. 채진규는 한식에게 고맙다는 말을 전하고 나왔다. 이번에

246

는 두문이개 아는 집을 찾았다. 아버지의 친척 누님, 채진규에게는 여자 삼촌뻘 되는 이의 집이었다.

"삼춘, 삼춘 이수과? 저 진규우다."
"아이고, 진규야. 이거 무슨 일이니? 혼저 들어오라. 내려왔구나."
"예."
"이디 고팡에 호썰 이시라. 여기 이시는 게 나실 거여. 밥도 제대로 못 먹었주이?"

채진규의 꾀죄죄한 모습을 보며 여자 삼촌이 먹을 것을 내오면서 안쓰럽다는 듯 이것저것 물었다.

"남자 삼촌은 보초사래 갔져. 그동안 어떵 살아시냐? 이건 또 무슨 몰골이고."

이곳에도 오래 머물 수는 없었다. 하룻밤을 지낸 뒤 성담 밖으로 돌아 집 뒤편까지 갔다. 성담을 넘으면 바로 집이었다. 잠깐 망설였다. 형님은 부산에 있었고, 형수만 집에 있을 때였다.

‘형수님 만나서 사정을 이야기하고 마루 틈에라도 숨어 살다가 부산이든 일본이든 어디로든 떠나자.’

어떻게든 고향을 떠날 생각을 했다. 사람들 눈을 피해 밤 중에 성담을 넘었다. 그러나 그곳에서 사달이 났다. 5분 정도 지났을까. 경찰과 민보단원들이 아우성치는 소리가 들렸다. 무기를 버리라고 외치는 소리가 들렸다.

“총 버리고 나와!”
“손 들고 나와!”

포위된 사실을 확인한 채진규는 도망을 포기하고 손을 든 채 집 밖으로 나왔다. 경찰과 민보단원들은 그가 총을 가진 것으로 생각했다. 경찰은 총을 들고 막 쏘려는 자세를 취했고, 민보단은 죽창을 들고 있었다.

“총이 없습니다. 아무것도 들고 있지 않습니다.”

채진규의 집 근처 민가에 경찰이 주둔해 있었다. 그곳으로 끌려갔다.

"왜 내려왔어?

"자수하려고 내려왔습니다. 일찍부터 자수하려고 마음먹었지만 뜻대로 되지 않았습니다. 또 내려온다고 목숨이 보장되는 것도 아니어서 이제야 내려오게 됐습니다. 비행기에서 뿌린 귀순하면 살려준다는 삐라도 봤습니다."

두려움에 휩싸인 채진규는 생각나는 대로 답했다. 경찰과 민보단이 이것저것 캐물었다. 납치당해 산에 가기 전 친하게 지내던 민보단장과 청년들이 채진규를 보호해줬다. 곧장 데려가 없애버리라고 할 수도 있지만 마을 청년들이 우호적으로 나서준 덕분에 경찰은 그를 세화지서로 연행했다. 지서에서 조사를 받는 동안 2연대 군인들이 어떻게 정보를 입수했는지 돌연 지서에 나타났다.

"무슨 일 없소?"
"종달리에서 자수한 놈이 있어서 잡아 왔습니다."
"그래요? 그럼 우리가 인수하겠소."
"예?"
"우리가 데려가 조사하겠단 말이오."
"예. 알겠습니다."

군인들은 채진규를 넘겨받아 대대본부가 있는 함덕으로 연행했다. 함덕에서는 다시 교래리로 데려갔다. 2연대 1개 중대가 주둔하고 있던 교래리 간발여 주둔소였다. 그곳에서 이틀을 지낸 뒤 2연대 본부가 있는 읍내 농업학교 천막수용소로 이송됐다. 농업학교에는 대형 천막들을 설치해 산에서 붙잡거나 귀순한 주민들을 수용하고 있었다.

그곳에서 한 달여 동안 조사를 받았다. 2연대 정보과에서 일을 처리하는데 인력이 모자랐는지 형사들을 동원해 조서를 받고 있었다. 취조는 심하지 않았다. 납치 입산 경위부터 사실대로 얘기했고, 조사관들은 순순히 조서를 꾸몄다. 무죄로 석방됐다.

'폭풍 같은 날이 끝나는 건가?'

채진규는 미심쩍으면서도 한편으로는 안도하는 마음으로 2연대 수용소에서 나왔다.

갈 곳이 없었다. 천운으로 살아났지만 고향에 가도 반겨줄 사람이 없었다. 부모도, 가족도 없었다. 마침 읍내에 동생이 살고 있어 그곳에 잠깐 기숙하며 몸을 추스르기로 했다. 보름쯤 지난 어느 날, 낯선 사람이 찾아와 잠깐 보자며 나오라고 했다.

　‘무슨 일이지?’

　갑자기 두려움이 온몸의 신경을 자극했다. 심장이 고동쳤다. 제주경찰서 형사였다. 그는 아무런 설명도 없이 다짜고짜 채진규를 관덕정 앞 경찰서로 끌고 갔다. 연행하자마자 거꾸로 매달아 때리기 시작했다.

　“너, 이 새끼! 몇 명 죽였어?”
　“죽여본 적 없습니다.”
　“이 새끼. 바른대로 말 안 해?”

　몽둥이가 사정없이 등허리를 후려쳤다. 천장에 거꾸로 매달린 채진규는 경찰의 몽둥이 세례에 시계추처럼 왔다갔다했다. 사실대로 말했지만 소용이 없었다.

　“정말 없습니다.”

　하지 않은 일을 했다고 할 수는 없는 노릇이었다. 사정없이 뭇매가 가해지고 주전자로 코에 물을 들이부었다. 그런 가

운데도 그는 정신을 차리지 않으면 죽을 수 있다며 마음을 다
잡았다.

"왜 산에 갔어?"
"마을 경비하다가 납치됐습니다."
"산에 납치됐다고? 자진 입산했잖아. 거짓말하지마, 이
자식아."

또다시 몽둥이가 날아왔다.

"아닙니다. 폭도들한테 납치됐습니다."
"그 말 믿을 수 있어? 거짓말이면 너 죽는 거야."
"예. 작년 11월 18일 마을에서 경비를 서는데 폭도들이
숨어 있다가 덮치는 바람에 납치된 겁니다. 구좌면당 동
부지구 책임자가 하도학교 동창입니다. 그 친구가 가끔
밤에 찾아 와서 저를 유혹한 사실은 있지만, 절대 자진 입
산하지 않았습니다. 그 친구를 만나는 것도 싫었습니다."
"왜 싫었어?"
"저는 학교 선생으로 있었고, 아이들 교육에만 전념했기
때문에 산에서 와서 얘기해도 일체 신경 쓰지 않았습니
다."

꼬치꼬치 취조하던 경찰은 사람을 죽였는지 또다시 물었다. 거꾸로 매달린 채진규는 안간힘을 쓰다가 까무러쳤고, 깨어나면 다시 조사 받는 일이 반복됐다. 아니, 조사가 아니었다. 자신들이 바라는 답변이 나올 때까지 두들겨 패는 것이었다.

"너, 이 새끼! 산에 간 다음에 몇 명이나 죽였어? 바른대로 말 안 할 거야?"
"죽인 적이 없다고 말씀드렸잖아요. 죽인 적이 없습니다."
"세화 습격할 때 갔다 왔지?"
"아닙니다! 습격에 가담한 적이 없습니다. 가지 않았습니다."

채진규가 계속해서 부인하자 경찰은 2년 전인 1947년 일어났던 6·6사건까지 거슬러 올라갔다. 인정할 때까지 고문하고 취조할 기세였다.

"6·6사건 때 회의에 참석했었지?"
"아닙니다. 저는 그때 처갓집에 제사가 있어서 그곳에 갔습니다. 절대 가담한 적이 없습니다."
"지금 그 말 증명할 수 있어? 거짓말하면 죽어!"

고문으로 만신창이가 됐지만 머리를 짜내며 기억을 되

살리려 했고, 6·6사건과 납치당한 경위를 설득하려고 애썼다.

"제가 6·6사건에 가담하지 않은 사실을 잘 아는 사람들이 있습니다. 지금도 유치장에 가면 저를 아는 사람들이 있습니다. 그 사람들이 저를 납치했습니다. 확인해보십시오. 도망가다가 뒤에서 죽창에 찔려 다친 흔적도 있습니다."

초주검이 되도록 고문을 받으면서도 주장을 굽히지 않았다. 종아리 상처도 보여줬다. 그게 사실이었으니까. 경찰은 한참을 고문하고 조사하다가 중단했다.

"너, 유치장에 들어가 있어!"

산에서 같이 활동한 양문하도 유치장에 있었다. 경찰은 채진규를 유치장으로 들여보내고 이번에는 양문하를 불러내 취조했다.

"너 채진규 알지? 저놈 6·6사건에 가담했어? 안했어?"
"채 선생은 학교 교원으로 있어서 여기저기서 주목받았지만, 가담하지 않았습니다. 교육에만 전념할 걸로 알고 있습니다."
"그래? 정말이야?"

양문하를 조사한 경찰은 이번에는 유치장 간수 노릇을 하는 이를 불러냈다. 채진규가 평소 알고 있던 세화리 지인으로 처가가 종달리였다. 그는 경찰은 아니었지만 간수 역할을 하면서 종달리 소식을 조금씩 듣고 있던 터였다.

"너, 채진규라고 알아?"
"네. 처가가 종달리여서 조금 안면은 있습니다."
"채진규가 어떻게 해서 산에 갔지?"
"제가 알기론 보초를 서다가 납치됐다고 들었습니다."

형사들의 추궁은 집요했다. 채진규를 납치한 사람이 유치장에 있다고 하자 형사들은 그를 불러냈다. 동창 강하용이었다.

"네놈들이 채진규를 납치한 게 확실해?"
"예. 우리가 데려갔습니다."
"언제 납치했지?"
"작년 11월 18일입니다."

강하용은 사실대로 말했다. 그가 거짓 진술을 했으면 채진규는 어떻게 되었을지 모를 일이다. 채진규를 취조하기 위해 다른 형사가 들어왔다. 6·6사건 때 종달리에 상주했던 송오원 형사였다. 그는 당시 채진규의 집에 머물기도 했었다.

"어? 어디서 본 것 같은데……."

고문으로 얼굴이 만신창이가 된 그를 유심히 쳐다보았다. 뭔가 짚이는 데가 있는 표정이었다.

"우리 어디서 봤더라? 당신 종달리 출신이지?"
"예. 맞습니다. 종달리 채진규입니다."
"그렇지! 종달리에서 봤어! 왜 이렇게 됐나?"
"납치당해 산에 갔는데, 사람 몇 명 죽였는지, 습격을 몇 번 했는지 사실대로 말하라고 이렇게 취조 받고 있습니다."

그에게 납치됐다가 귀순하게 된 경위를 사실 그대로 설명했다. 송 형사가 동료 형사들을 바라보며 말했다.

"내가 보증하겠소. 저 사람은 6·6사건에 가담하지 않았소."

"정말이오? 우리가 보기엔 악질 폭도 같은데."

"아니오. 내가 확실히 아는데 이 사람은 선생이고 납치된 게 맞소. 내가 이 사람 집에 며칠 머문 적이 있소."

송 형사의 보증으로 더이상 고문을 당하지 않고 조사를 받았다. 경찰은 조서를 꾸며 채진규를 검찰에 송치했다. 처음 구금 당해 조사를 받던 곳은 수백 명을 수용한 큰 창고 같은 곳이었다. 검찰로 송치된 뒤에는 작은 유치장으로 옮겼다.

유치장은 분위기가 사뭇 달랐다. 남로당 도당부 간부들인 듯했다. 서로 가명을 사용하는 그들이 유치장 출입문 입구에 앉았고, 채진규는 맨 안쪽 똥통이 있는 쪽에 앉았다. 서너 평 크기의 방에 30~40명이 들어 앉았다. 눕는 건 불가능했다. 앉은 채 견디는 수밖에 없었다.

비좁은 여름철 유치장은 무더웠다. 통풍도 안 되는 곳에서 밤낮을 똥통 위에 앉아서 지내는 건 여간 고역이 아니었나. 농업학교에서 무죄로 석방된 뒤 제주읍 동생네 집에 있을 때 옷을 갈아입기는 했지만 산에 납치된 뒤로 이발도 하지 못한 상태였다. 땀이 머리에서 삐질삐질 흘러내리고 냄새는 냄새대로 고약했다. 그렇게 한 달 이상을 그곳에서 보냈다.

어느 날 유치장 간수장 백 경사가 그를 찾았다. 검사가 부른다고 했다. 고기홍 검사였다. 채진규의 아버지와 친한 사이였다. 고 검사는 채진규의 얼굴을 보고 나서 경찰에서 넘어온 조서를 한번 쭉 훑어보더니 서류에 이렇게 썼다.

'불기소 처분.'

채진규는 그날 석방됐다. 1948년 11월 중순에 납치 입산해 이듬해인 1949년 5월 초·중순께까지 6개월 남짓한 산에서의 생활. 한 사람의 생에서 결코 길다고 할 수 없는 그 6개월은 채진규의 나머지 삶을 압도하고도 남았다. 세상은 이전과는 완전히 달랐다.

1949년 겨울 전국적으로 보도연맹이 조직되고, 너 나 할 것 없이 가입했다. 채진규가 석방된 뒤, 그해 겨울 종달리에서도 청장년들이 앞다퉈 보도연맹원으로 가입했다. 1950년 1월이었을 것으로 기억한다. 경찰은 6·6사건에 조금이라도 연루된 주민들에게 가입을 강요했다.

"여러분 가운데 6·6사건에 관련돼 있다고 생각하는 사람들은 보도연맹에 가입하시오. 보도연맹은 문자 그대로 보도, 좋은 길로 잘 인도해주겠다는 뜻이오. 보도연맹에 가입하면 관용을 베풀겠소. 빨갱이를 때려잡는 일에 여러분이 앞장서야 하지 않겠소?"

17세 이상 40세 미만 마을 사람들은 대부분 가입했다. 경찰서 단위 보도연맹 조직은 본부가 있고, 그 아래 지부가 있는 식이었다. 간부들은 경찰에서 임명했다. 간사장이 있고, 그 밑으로 총무부장, 선전부장, 조직부장이 있었다. 간부는 지역 유지들이 맡도록 했다.

성산포 강형석이 간사장을 맡았고, 채진규는 선전부장을 맡았다. 조직부장은 오조리 최태홍, 총무부장은 하도리 정하영이 맡았다. 채진규는 성산포 간사장 집에 머물면서 종달리 집에서 식량을 갖다 먹었다. 보도연맹원 가운데는 우익 활동을 했던 사람들도 있었다.

성산포경찰서 관내에는 구좌, 성산, 표선 3개 면에 지부 사무소가 있었다. 종달리 보도연맹원은 40여 명 정도였다. 마을마다 돌아다니며 보도연맹 이름으로 순회공연을 벌였다. 경찰서기 주관해 관내 학교가 있는 곳마다 돌아다니며 계몽 강연도 했다. 그런 집회가 있으면 주민들은 너나 할 것 없이 참석해야 했다.

채진규와 오조리 최태홍은 배우를 모집하고 소규모 연극 출연진을 구성해 공연하고 주민들한테 희사금을 받았다. 경찰서 사찰계가 주관한 공연의 각본은 이북 출신 박 순경이라는 젊은 형사가 썼다. 희사금은 전부 경찰에서 받아 갔다. 희사금이라고 했지만 주민들은 내놓지 않을 수 없었다. 자발과 희사를 내세웠지만, 강제와 강요의 시대였다.

살얼음판 위의 날들

1950년, 한국전쟁이 터졌다. 경찰은 보도연맹원으로 활동하던 사람들을 일제히 검거하기 시작했다. 성산포경찰서 관내 보도연맹 가입자들이 예비검속됐다. 하지만 보도연맹원이라고 모두가 검속되지는 않았다. 종달리에서는 6·6사건 당시 형을 받은 전력이 있는 주민들이 상당수 검속됐다. 보도연맹원이 아닌 이들도 있었다. 관내 예비검속 희생자는 비교적 적었다.

채진규는 예비검속되지 않았지만, 언제나 불안했다. 서장은 문형순, 사찰 주임은 충북 출신 한석용, 수사 주임은 이북 출신 채일만이었다. 이북 출신이긴 하지만 성이 같은 채일만 주임의 도움으로 채진규는 예비검속되지 않았다고 회고

했다.

채진규는 보도연맹원으로 활동하고 있었지만 채일만 주임을 잘 몰랐다. 그 무렵 부산에 살고 있던 형님이 정식으로 부모님 장례를 치르기 위해 고향에 왔다. 예비검속 이야기를 나누다 우연히 채일만 주임의 이야기가 나왔다. 채 씨는 희귀성이다. 성씨만 같아도 친족을 만난 것처럼 동질감을 느낀다. 족보를 따져보니 채일만 주임이 할아버지뻘이었다. 형님이 채 주임을 만나러 가보자고 했다. 성산포에 살던, 할아버지뻘 되는 어르신도 함께했다.

"누구요?"

"종달리 채진규라고 합니다. 항렬로 보니 주임님이 고조 항렬이시더군요. 잘 부탁합니다."

"그래? 보도연맹에 무엇으로 있나?"

"선전부장으로 있습니다."

채진규와 형님이 채 주임과 이야기를 나누는데 할아버지뻘 되는 성산포 어르신이 거들었다.

"채 주임, 여기 진규와는 본도 같고 항렬로 보면 채 주임 손자뻘이 되는 거요. 잘 봐주면 좋겠소."

"알겠습니다."
"반갑네."

채 주임은 채진규를 바라보며 반색하더니 신변 보호를 해줄 테니 꼼짝 말고 경찰서에 있으라고 했다.

"문밖 출입도 삼가야 할 걸세. 성산포에도 군인들이 주둔해 있으니까 함부로 나다니지 말게. 내일 아침 날이 밝으면 경찰서에 와 있어. 밖은 너무 위험해. 식사는 내가 시켜줄 테니까 말이야."

1950년 7월 어느 날. 보도연맹원으로 활동하는데 한번은 성산포경찰서 사찰계 직원이 이명복에 대해 물었다.

"김녕리 이명복이를 알아?"
"예. 압니다. 왜 이명복을……."
"그 친구 산에서 무슨 활동했지?"
"면당부 선전책으로 있었습니다."
"며칠 전 김녕 친척집 마루 틈에 숨었다가 귀순했는데 자네를 안다고 하더군."

갑자기 머리칼이 쭈뼛 섰다. 경찰은 이미 이명복을 상대로 채진규에 대해 캐물은 뒤였다.

"너, 종달리 채진규 아나?"
"네. 압니다. 같이 있었습니다."
"그래? 어떤 사람이야?"
"산에서 특별한 활동을 하진 않았습니다. 글씨를 잘 쓰는 사람입니다. 어떻게 됐습니까?"
"잡혀서 제주서에 넘어간 적 있어."

이명복으로부터 특별한 정보를 얻지 못한 경찰은 채진규의 활동에 대한 정보를 더는 묻지 않았다.

*

무더위가 찾아오는 계절. 한국전쟁 직후 전국의 젊은 남성들이 전선으로 투입됐다. 전선이 밀린다는 소식도 들렸다. 사회 분위기가 뒤숭숭했다. 채진규도 불안했다. 언제 어떤 일이 닥칠지 모를 때였다. 제주에서는 예비검속을 당하는 청년들이 늘었다. 경찰서에서는 밤에 잠이라도 잘 수 있었지만 집에서는 언제 어떻게 될지 모르는 상황이었다. 예비검속을 당한 섬사람들이 여기저기서 죽어간다는 소문이 떠돌았다. 제주읍내에서도, 모슬포에서도, 서귀포에서도 학살 암매장을 당하거나 수장됐다. 채진규 역시 예비검속을 당할 수도 있었다. 제주도를 떠나야 했다.

"여기 있으면 아무래도 위험해. 어떻게 해서라도 군대에 가야 해."
"예. 저도 알고 있습니다. 입대하겠습니다."

채 주임은 채진규에게 입대를 권했다. 그 역시 입대해서 전쟁터에 가는 것이 오히려 낫겠다고 생각했다. 그러나 군대를 가기도 쉽지 않았다. 처음에는 모병관이 받아주지 않았다. 청년방위대 소위 계급장을 단 성산포 출신 모병관은 채진규가 보도연맹 선전부장으로 있고, 산에 갔다 왔다는 사실을 알고 있었다. 그 때문인지 입대를 지원해도 거부당했다. 심지어 채 주임이 부하 형사를 통해 부탁해도 물리칠 정도였다. 하루는 채 주임이 채진규를 불렀다.

"자네 혈서를 쓰면 어떻겠나?"
"혈서를요?"
"그렇게 해서라도 충성심을 보여야 받아주지 않을까?"
"예. 알겠습니다."

바로 그 자리에서 손가락을 깨물어 종이에 '대한민국 만세'라고 혈서를 썼다. 그게 통했다. 아버지와 어머니, 아내와 아이를 무참하게 앗아간 나라를 위해 입대하려고 발버둥 치다니. 이런 모순이 없었다. 그렇지만 역설적으로 군대는 시시각각 사방에서 조여오는 죽음의 공포로부터 벗어날 수 있는 탈출구이자 삶의 피신처였다. 한국전쟁 때 많은 제주 청년들이 그랬던 것처럼.

우여곡절 끝에 채진규는 1950년 9월 20일 입대했다. 김녕에서 교육을 받고, 성산포 동남국민학교에서 추가 교육을 받은 뒤 산지항에서 배를 탔다. 전쟁터로 나가는 채진규 또래의 청년들이 배에 가득했다. 부산 사상국민학교에 도착했다. 그곳에서 36연대가 창설됐다. 기간병이 학교 교원 출신들은 나오라고 했다. 그는 12중대 서무계로 발탁됐다.

동해전선에서 근무한 그의 임무는 매달 나오는 군인 봉급을 일선 고지 병사들에게 전달하는 것이었다. 그러던 어느 날, 봉급을 가지고 일선 고지에 가는 길에 산기슭 한 초가에서 연기가 피어 오르는 것을 발견했다. 인민군 패잔병 몇 명이 숨어 있었다. 제대로 걷지도 먹지도 못하는 패잔병들이었다. 그는 그들을 붙잡은 공로로 1953년 6월 무공훈장을 받았다.

서무능력까지 인정받은 그는 연대본부 인사과로 발령받았다. 이듬해 강원도 원주에서 1군사령부가 창설되자 이번에는 인사과 기간요원으로 가라는 특명이 떨어졌다. 그곳에서 미군 고문관들이 전출할 때 표창하는 상전계 역할을 맡았다. 글씨가 좋았다. 표창장은 대부분 그의 손을 거쳤다. 영문 타자로 표창장을 작성해오면 그는 그 밑에 번역문을 속필로 썼다. 산부대의 삐라를 썼던 그는 미군 고문관들의 표창장 쓰는 일을 도맡았다.

*

1952년 여름, 휴가를 받아 고향으로 가는 배편을 알아보려고 부산 영도 바닷가를 기웃거릴 때였다. 길에서 우연히 이명복을 만났다. 군복 차림의 채진규와 마주친 이명복의 얼굴에는 놀라움 반 두려움 반으로 가득했다. 자신을 신고하지 않을까 하는 긴장감이 역력했다. 그럼에도 애써 속내를 감추는 것 또한 감출 수 없었다.

"이거 채 선생 아니우꽈? 무슨 일로 여기서 보염수과?"
"작년에 입대해신디 휴가 나와서 고향 가려고 부산 내려와수다. 그런데 여긴 어쩐 일로?"
"설마 날 신고하는 건 아니지예?"
"무슨 말이우꽈? 여기 누게가 신고허쿠과? 경헌디 여기 부산엔 무슨 일로?"

살얼음판 위의 날들

267

"일본 가젠 햄수다. 어차피 여기 이시민 죽을 목숨 아니우꽈? 일본으로 가젠 배편 알아보멍 기다리는 중이우다."

사람들이 번잡하게 지나다니는 영도의 길거리에는 피난민과 시민 들이 뒤섞여 북적이고 있었다. 길 가던 사람들이 모퉁이에 서서 마주 보며 이야기하는 그들 사이를 비집고 지나갔다. 잡상인들이 호객하는 길가에서 둘은 오랜 친구처럼 한참동안 이야기를 나눴다. 산에서 생사고락을 같이하던 사이가 아닌가. 비록 채진규가 이명복보다 실제 나이는 세 살 많지만 한때는 동지였으며 친구 같기도 한 사이였다. 시국이 아니었으면 좋은 선후배나 친구로 지낼 법도 했다.

채진규는 자신이 경찰서 유치장에서 조사받던 어느 날 이명복이 불려 나가는 모습을 본 적이 있다고 했다.

"우리는 출동하는 줄로만 알아십주. 조금 이상하기는 했지만 어디 토벌 가는 거겠지, 하고 생각해수다."

채진규의 말이다. 이명복도 그때를 떠올리며 말을 이었다.

"그때 트럭을 타기 전에 경찰이 우리보고 '너희들 산에 있었으니까 지리도 잘 알지?'하고 물어봅디다. 어느 정도는 알고 있다고 해십주. 그랬더니 우리보고 좋다고 같이 토벌 가자는 거라 마씸. 경행 같이 화물차에 타게 돼수다. 경헌디 느낌이 이상한 거라 마씸. 내가 면당부 요직에 있었는데 나와 함께 출동한다고? 내가 그러다 길을 잘못 안내하거나 도망가 버리면 어떻게 할려고? 당연히 그런 생각이 들거아니우꽈? 그럴 리가 있나, 무턱대고 우릴 데리고 토벌 갈 리가 있나, 하는 생각이 듭디. 경해도 토벌 가자고 하니 따라가게 된 거우다. 한라산 쪽으로 토벌 나가 걸어가면서도 경찰 행동을 눈치껏 봐십주. 아니나 다를까. 걸어가는데 총소리가 나자마자 옆에 있던 사람이 악, 하고 엎어져 마씸. 마침 앞이 굴헝진 곳입디. 나는 그냥 앞뒤 가리지 않고 그쪽으로 뛰어들엉 살아난 거우다.”

“아, 그런 일이 이서수과? 그런 줄은 몰라수다. 고생 많이 했구나 예.”

“채 신생님은 어떵 지내수과?”

“나도 비슷해수다. 산에 이실 때 가족 다 죽고, 귀순행 내려온 다음에는 경찰에 잡혀강 죽지 않을 만큼 고문받고……. 그러다가 예비검속으로 또 죽어지카부덴 대한민국 만세, 라고 혈서까지 쓰멍 입대해수다.”

시간이 흘렀다. 바다 내음이 밀려왔다. 지게에 가득 물건을 진 청년이 지나가면서 이명복의 어깨를 부딪쳤다. 어스름해져 가는 시간, 영도의 길거리는 사람들로 붐볐다.

"어이쿠. 시간이 벌써 영 돼수다."

이명복은 시계를 보며 만나야 할 사람이 있다며 그만 가봐야겠다고 했다. 채진규도 영도에 사는 고향 선배를 만나러 갈 참이었다.

"몸조심 헙서."

둘이 거의 동시에 같은 말이 튀어나왔다. 서로 양손을 꽉 잡고 웃었다. 마주잡은 손길이 따뜻했다. 악수로 인사를 대신하고 그렇게 헤어졌다. 채진규는 군복 주머니에 손을 찌른 채 발걸음을 옮기는 이명복의 멀어지는 뒷모습을 물끄러미 쳐다봤다. 그가 사라진 길거리에서 한참이나 눈을 떼지 못했다. 채진규의 마음 한편으로 알 수 없는 싸한 바닷바람이 몰려왔다. 복잡했다.

'나도 안 됐지만, 저 사람도 참 안 된 사람이야. 시국만 잘

못 만나지 않았어도 유복하게 살 사람인데 시국을 잘못
만났어.'

이명복과의 마지막 만남이었다.

*

이명복은 그뒤 어떻게 됐을까. 일본에서 만난 이재동의
부친 이명복에 대한 이야기와 채 선생의 이야기에 더해 나중
에 발견한 이명복의 글을 통해 그의 행적을 맞춰보았다.

이명복은 1949년 5월 16일 구좌면 김녕리 지경에서 피
신 생활을 하다 2연대 귀순공작대에 붙잡혀 함덕을 거쳐 제
주읍내 농업학교 주둔 2연대 정보과로 넘어갔다. 그는 그곳
에서 15일 동안 수용당해 취조를 받고 군법회의에 넘겨졌으
나 무죄 석방됐다. 석방 뒤 제주읍내에서 20여 일 동안 머물
던 그는 디시 형사대에 검거돼 제주경찰서 유치장에 구금됐
다. 이명복은 채진규와 비슷한 시기에 귀순한 뒤 2연대의 조
사와 석방, 경찰에 의한 검거까지 비슷한 경로를 거쳤다.
같은 해인 1949년 8월 5일, 형사대가 호출해 나가보니 경
찰서 마당에 출동 준비를 끝낸 경찰관 열두 명과 정보원 네
명이 이명복을 포함한 수감자 여섯 명을 기다리고 있었다. 이

명복은 토벌대 책임자의 인상착의를 또렷이 기억했다. 책임자인 경위 계급장을 단 인물은 중간 키에 색안경과 철모를 쓰고 있었다. 외모는 수척했다. 왼쪽 뺨에는 뼈가 뾰족하게 튀어나오고 살이 쏙 빠진 얼굴이었다. 그가 출동에 앞서 일장훈시를 했다.

"너희들은 지금부터 토벌하러 간다. 특별히 너희 여섯 명을 생각해 토벌에 참여시키니까 적극적으로 활동하라. 알겠나?"

이들은 모두 화물차에 올라타 제주읍 서쪽으로 달렸다. 차는 읍내 서쪽으로 질주하다가 한라산 쪽으로 방향을 틀었다. 산간도로를 달리다 바퀴가 고랑에 빠져 움직이지 못하게 되자 경위가 명령했다.

"지금부터 수감자 한 명과 경관 두 명이 1조가 돼 3인 1조로 토벌장소까지 간다. 출발!"

명령이 떨어지자 신속하게 6개 조가 편성됐다. 조간 100여 미터씩 거리를 두고 앞으로 나갔다. 이명복과 함께 조를 이룬 경찰 토벌대원 두 명 중 한 명은 중간 키에 얼굴은 둥그스름하고 가끔 미소를 보였다. 카빈총을 휴대한 그는 체구가 말랐지만 미남형이었다. 또 한 명은 큰 키에 얼굴은 갸름하고 보조개가 도드라졌으며 안경을 썼다.

이명복이 포함된 조가 걸어가는데 앞서간 조가 휴식을 취하는 게 보였다. 휴식 장소에 도착해 그 조 일행과 농담하며 쉬는 도중 600여 미터 후방에 있던 경위의 연락원인 듯한 정보원이 허겁지겁 달려왔다. 그는 이명복과 함께 있는 경찰관 두 명, 그리고 또 다른 수감자와 함께 있는 경찰관 두 명 등 네 명을 5~6미터 전방으로 불러내 2~3분 동안 소곤거렸다. 경찰관들은 흠칫 놀란 눈으로 이명복 쪽으로 고개를 돌려 그와 또 다른 수감자를 번갈아 쳐다보았다. 이명복도 그 순간을 놓치지 않고 그들을 봤다. 불길한 느낌이 들었다. 그와 함께 간 쉰 살가량의 수감자는 곰보딱지 얼굴로 체구는 다소 살쪘지만 아주 쇠약한 상태였다. 휴식이 끝났다.

"이제 출발한다."

경찰관이 일어서며 소리쳤다. 이명복은 조금 전 자신을 바라보던 경찰의 놀란 눈이 떠올랐다. 휴식 장소로부터 100여 미터 나아가자 후방에서 갑자기 호루라기 소리가 울렸다. 경찰은 그곳에서 걸음을 멈추고 긴장한 듯한 목소리로 말했다.

"지금부터 토벌에 들어간다. 앞을 보고 앉는다. 실시!"

후방에서 카빈총에 실탄을 장착하는 소리가 들렸다. 이명복과 그 수감자는 토벌대원이 있는 곳에서 2미터 앞에 앉아 다음 명령을 기다렸다. 이명복은 긴장했다. 심장의 박동이 가팔라졌다. 손이 떨렸다. 온 신경을 뒤에 있는 경찰 쪽으로 집중했다. 경찰들의 태도가 아무래도 꺼림칙했다. 얼마나 시간이 흘렀을까. 길어야 3~4분이었다. 그러나 그 시간이 몹시 길게만 느껴졌다. 갑자기 여섯 발의 총소리가 울렸다. 옆에 있던 수감자가 앞으로 고꾸라졌다. 본능적으로 뒤돌아봤다. 총구가 자신을 향하고 있었다. 이명복은 미친 듯이 바로 앞 절벽으로 뛰어내렸다.

천운. 작은 동굴이 보였다. 그는 무작정 그 안으로 기어들었다. 경찰은 그를 찾아 여기저기 쑤시고 다녔지만 날이 어두워지자 수색을 포기하고 돌아갔다. 이명복은 동굴 안에서 잠시 정신을 가다듬고 심호흡을 했다.

'날이 밝으면 다시 수색을 할 텐데 어떻게 해야 하지. 정신 차리자.'

이명복은 산과 오름을 기준 삼아 사람들의 눈을 피해 고모가 있는 김녕으로 향했다. 탈출한 지 사흘 만에 고모 집에 도착했다. 밤이 깊었다. 마침 고모네는 제사가 끝나고 잠을 자고 있을 때였다.

"고모님, 이수과? 저우다. 명복이우다."
"아이고, 이거 어떵 된 일이니? 경찰서에 이신줄 알아신디. 혼저 들어오라. 혼저 들어오라."

고모는 자다 말고 문을 열어 사방을 두리번거리고는 이명복이 들어오자 단단히 문을 잠갔다. 그때부터 1950년 7월 중순까지 거의 1년 가까이 고모네 고팡(식량이나 물건 등을 보관하는 곳)에서 숨어 지냈다. 식량과 옷가지는 여동생의 도움을 받았다. 고팡에 은신하는 동안 노래를 지어 부르기도 하고 갖다준 담배를 피우거나 신문을 보기도 했다. 좁은 고팡은 한낮이면 창살 틈새로 미세한 빛이 흘러들었다.

'저 빛이 구원의 빛이었으면.'

그동안의 날들이 꿈처럼 떠오르다 지나갔다. 꿈이었을까. 농업학교에 다니던 일도, 입산한 일도, 토벌대에 쫓겨 다닌 일도 꿈만 같았다. 어머니의 무참한 죽음을 생각하면 치밀어 오르는 분노를 억누를 수 없었다. 잠을 이룰 수 없었다.

'아, 어머니. 이 불효를 어찌해야 할까요."

삼대독자라고 끔찍이도 아껴주던 어머니가 생각날 때면 소리도 내지 못한 채 입술을 깨물고 울음을 삼켰다. 불면의 날들을 보내야 했다. 농업학교를 졸업해서 직장을 구하고, 결혼해 아이들을 낳고 오순도순 살아갈 수도 있었다. 그의 부모는 그렇게 하기를 간절히 소망했을지도 모른다. 집안도 부유해 서울을 가든 일본을 가든 더 공부할 수도 있었다. 그러나 이제 다 부질없는 꿈같은 일이었다.

이명복은 1950년 7월 17일 성산포경찰서 사찰과에 귀순했다. 취조를 받으면서 채진규와의 관계를 추궁 받았지만 천신만고 끝에 보석으로 풀려났다. 집안의 재산도 많이 쏟아부었다.

벗어나야 했다. 풀려난 뒤라고 해서 희망이 있는 건 아니었다. 그대로 제주도에 있다가는 언제 어떤 일이 닥칠지 몰랐다. 바다를 건너는 수밖에 없었다. 부산으로 먼저 건너가 친척집에서 밀항선을 알아보며 시간을 보냈다. 불심검문을 당하지 않을까 늘 경계하는 생활의 연속이었다.

1953년 2월, 조카 김호세와 함께 해운대에서 밀항선을 탔다. 밀항선에는 그들 외에도 많은 사람이 타고 있었다. 배 밑바닥에서 쪼그리고 앉은 그들 사이에는 어떤 대화도 오고 가지 않았다. 배가 움직이기 시작했다. 이명복은 결심하고 또 결심했다.

'간다.
죽음의 땅을 넘어.
다시는 돌아오지 않으리라.'

옅은 목소리

1954년 일등중사로 제대한 채진규는 그해 12월 20일, 종달국민학교에 강사로 복직했다. 신원조회가 있었지만, 그때도 성산포경찰서 채일민 주임이 원만하게 처리해줬다. 종달국민학교에서의 복무는 1년 남짓이었다. 무엇보다도 그저 조용히 지내고 싶었다. 우도국민학교로 자원했다.

밤에 마작판을 벌이는 교사들도 있었다. 그들은 아이들 교육도 대충대충이었다. 채진규는 그럴 수 없었다. 퇴근해서 집에 돌아온 뒤에도 다음 날 수업 시간에 가르칠 내용을 연구했다. 때마침 우도국민학교가 연구학교로 지정됐다. 고찬식 교장은 그에게 연구학급으로 배정된 1학년 담임을 맡겼다. 다음 해에는 6학년이 연구학급으로 지정되었다. 그는 6학년 담임을 맡았다. 우도에서도 경찰이 그의 뒤를 캐고 다녔다. 조용히 지내려고 우도에 들어왔지만 상황은 그렇지 못했다. 어느날 고찬식 교장이 그를 조용히 불렀다.

"채 선생, 나 좀 봅시다."
"무슨 일입니까?"

갑자기 교장이 부르자 채진규는 어리둥절했다. 막연한 불안감이 다가왔다. 창밖을 바라보던 교장이 남이 들을 세라 나지막한 목소리로 어렵게 말을 꺼냈다.

"채 선생. 이런 말 하기 뭣한데 경찰에서 채 선생을 선생 직을 그만두게 하려는 것 같아요. 몸조심하세요."
"예? 무슨 말씀입니까?"
"경찰이 채 선생 동향을 살피는 것 같소."

태연한 척했지만 채진규의 머릿속 신경회로들은 갑자기 합선이나 된 듯 맹렬히 불꽃을 튀겼다. 심장이 요동치고 식은 땀이 옷을 적셨다. 다리가 휘청거렸다. 종달리를 떠나 우도로 온 것도 조용히 살고 싶어 자원했는데 결국 우려했던 일이 일어나고야 말았다. 해방 이후 사립 종달학교 교원으로 있을 때

나 학교 선생으로 있을 때 내내 학부모와 주민들로부터 신망을 얻었던 그였다. 그 때문에 산에서 내려온 뒤 경찰에서 고초를 겪긴 했지만 마을에서 살 수 있었고, 제대한 뒤에는 복직도 할 수 있었다.

그렇지만 우도까지 와서 이런 상황을 맞닥뜨리자 채진규는 방망이로 머리를 맞은 듯 큰 충격을 받았다. 아내의 얼굴이 떠올랐다. 휴가 때 나와 결혼한 아내였다. 갈피를 잡을 수 없었다.

그렇게 몇 년의 시간이 흘렀다. 낯선 사람을 보면 가시방석에 앉은 것처럼 안절부절했다. 나중에 알게 된 일이지만 채진규는 당시 경찰에서 관리하는 '요시찰인명부'에 올라 있었다. 요시찰인명부는 갑, 을, 병, 정으로 등급이 나뉘어 있었다. 사상이 가장 의심되는 사람은 갑, 그 다음 을, 병, 정으로 나뉘어 있었다. 채진규는 을이었다. 그렇게 또 시간이 흘렀다.

1961년 5·16 쿠데타가 일어났다. 군인들이 정권을 잡자 또다시 두려움이 엄습했다. 몇 해 전 교장에게 들은 이야기가 떠올랐다.

'또다시 잡혀가는 건 아닐까. 일부러 우도에 들어왔는데 잡혀가면 어떻게 하지?'

잠을 이루지 못하는 나날이 계속됐다. 폭풍 같던 계절들이 영화처럼 머릿속을 스쳐 지나갔다. 우도에 있는 게 덜컥 겁이 났다.

다시 종달학교로 지원해 돌아왔다. 조금은 마음 편히 지낼 수 있을 거라는 기대를 품었다. 그러나 아니었다. 돌아온 종달학교에서도 상황은 크게 달라지지 않았다. 자꾸 뒷머리가 당겼다. 경찰이 마을에 종종 나타나는 것을 보고 직감했다.

'저 친구들이 나 때문에 이 동네에 왔구나.'

옛일이 떠오르면 온몸이 떨려 일을 할 수가 없었다. 한번은 경찰이 학교로 찾아왔다. 교문으로 들어오는 경찰 제복을 보는 순간 호흡을 제대로 할 수 없었다. 도저히 마음을 진정시킬 수 없었다. 심장이 심하게 쿵쾅거렸다.

'저 순경이 왜 학교를 찾아오지? 혹시 나를 잡아가려고? 내가 잘못한 일도 없는데…… 잘못한 것이 없어도 꼬투리를 잡고 잡아갈 수도 있잖아. 안 돼! 옛날처럼 그렇게 당하고 싶지 않아. 아, 어떻게 하지? 저 친구가 점점 다가오는데.'

입이 마르고 머릿속이 하얘졌다. 경찰은 채진규 때문에
온 게 아니었다. 그럼에도 견딜 수 없었다. 두려움이 무엇인
지 온몸으로 체험한 그였다. 공포가 사로잡았고, 무기력하게
끌려다녔다. 어느 날은 환청으로, 어느 날은 자신을 옥죄어
오는 듯한 환영으로 머리가 깨질 듯했다. 혼란스러웠다. 잠을
이룰 수 없었다. 내색은 하지 않았지만 남편 때문에 근심하는
아내 보기에도 미안했다. 옆에서 잠든 아내를 보며 마음을 다
잡았다. 학생들을 제대로 가르치고 싶은 마음도 다잡았다. 그
렇지만 자꾸만 불안감이 밀려왔다.

'이런 게 인생인가. 그렇다면 이건 너무 과한 것 아닌가.
지금 꿈을 꾸고 있는 건 아닌가.'

불면의 밤이 이어졌다. 군대도 다녀왔다. 심지어 군대에
서는 인민군을 잡아서 훈장도 받았다. 산에서 겪은 일들, 잃
어버린 가족의 얼굴들이 물결 따라 밀려왔다가 밀려가듯 나
타났다 사라지기를 반복했다.

'주저앉고 싶다. 숨을 곳을 찾아야 한다.'

밤새 뒤척이는 남편의 마음을 아내가 모를 리 없다. 아내

는 조용히 일어나 출근할 남편의 아침 식사를 준비하러 부엌으로 간다. 그저 조용히 지켜보는 수밖에 없다. 밖은 아직 어둑 새벽이다.

'이제 그만둬야겠다. 끝낼 때가 됐다.'

더는 교원 생활을 할 의욕도, 열의도 사라져버렸다. 그만둬야 숨을 쉴 수 있을 것 같았다. 종달학교로 전근해 온 지 1년 정도 되었을 때 사표를 냈다. 그의 나이 서른다섯 살이었다. 집에서 농사를 지으며 조용히 살기로 마음먹었다.

학교를 그만두니 그나마 마음이 편했다. 그로부터 시간이 얼마나 흘렀을까. 제주서 사찰계 형사가 집으로 찾아왔다.

"채 선생님, 요시찰인명부에서 삭제하게 돼수다. 군대 있을 때 인민군들을 잡아 훈장도 받아신게 마씸. 무공훈장도 있어서 요시찰인명부에서 삭제되시난 경 압서."

고맙다는 의례적인 인사를 건넸다. 털썩 마룻바닥에 주저앉았다. 돌아가는 경찰의 뒷모습을 보며 담배를 꺼내 불을 붙였다. 지나간 일들이 하나둘 떠올랐다.

'이제야 그 질긴 족쇄가 풀리는 건가.'

*

2024년 11월, 종달리 마을 안길을 걷다가 다랑쉬굴에서
숨진 강길성의 여동생 길자 할머니를 만났다. 바람은 쌀쌀하
지만 조그만 텃밭에 쪼그리고 앉아 철 지난 콩을 다듬고 있었
다. 만나려고 만난 게 아니라 우연히 길을 물어보다 만났다.
수 년 전 행사장에서 만났던 그였다. 길자 할머니는 나를 기
억하지 못하지만 나는 그를 기억했다.

"뭘 하고 계세요?"
"콩 다듬고 이서. 올핸 콩이 잘 안 된."

길자 할머니가 웃으며 말했다. 옆에는 거동이 불편한 지
집에서 끌고 온 보행기가 있었다. 보행기를 쳐다보자 그가 말
을 이었다.

"몇 년 전에 다청 보행기가 이서사 다닐 수 있주게. 물질
도 아팡 그만두고."
"아, 그러세요?"

나는 아예 밭에 들어갔다. 그의 말을 놓치지 않기 위해서였다. 길가에는 올레를 걷는 여행객들이 한두 명씩 보였다. 허리를 구부린 채 콩을 다듬던 길자 할머니가 말을 이었다.

"우리 집이 사거리 조금 지난 도로변에 있었어. 오빠와 나는 열여섯 살 차이. 언니는 스물 몇 살 차이나 돼. 내가 늦둥이 막내야. 언니는 결혼해서 해녀벌이 다닐 때였고, 오빠는 그해 봄에 결혼했는데 그 일이 10월에 닥쳤어. 내가 어디 놀다가 집에 들어와 보면 이상한 옷 입은 사람들이 뭔가를 둘러메고 다녔어. 그게 나중에 보니 총이라고 하더라고. 이상한 사름들 댕겸져 하면서 내가 친구들한테 물었지. 철든 친구들이 군인이라고 하지 않고 병정이라고 했어.

어느 날 밖에서 놀다가 들어왔는데 고팡에서 어머니 말소리가 들리는 거야. 그때 초가를 새로 입혀서 천장이 아주 높았거든. 사다리를 놓아야 오르내릴 수 있었어. 고팡문을 열었지. 나를 보니까 막 놀라는 거야. 오빠가 사다리를 타고 올라갔더라고.

어머니는 내가 다른 데 가서 말할까봐 조바심을 내며 말하지 말라고 신신당부했어. 친구들과 놀아도 오빠 얘기는 입도 뻥긋하지 않았지. 어머니가 해녀였거든. 바다에도 가지 않고 오빠를 지키는 거야. 식사 때가 되면 밥도 줘야잖아. 외아들이고 하니 오죽하겠어. 아버지도 그때는 바다에만 다닐 때였어. 고팡에 그렇게 숨어 있으면 사람들이 왔다 갔다 해도 몰라.

내 생각에 오빠가 한 달 정도는 살았을 거야. 한번은 밖에 나갔다 오는데 어머니가 울고 있었어. 오빠가 없어진 거야. 어머니가 잠깐 어디 다녀오는 사이에 그렇게 된 거야. 어머니가 울면서 말하더라고.

"누가 도와주지 않으면 내려오지 못할 텐데 누가 와서 데려갔져. 데려갔져."

큰일이 닥칠 때 을큰하다는 말을 하잖아. 그때 어머니 표정이 정말 을큰한 표정이었어. 아버지도 바다에 나갔다가 저녁에 들어오니 아들이 없어진 걸 알게 됐지. 둘 다 아이고, 아이고만 하는 거야. 아버지는 우리 아들 찾아내라, 우리 아들 찾아내라 하다가 경찰에 끌려가서 엄청 맞기도 했어. 걷지도 일어서지도 못할 지경이 돼서 누가 들 것에 들고 왔어. 그때는 어머니가 살아 계실 때여서 쑥을 캐다가 뜸도 뜨고 했었거든.

"사람을 어디 이럴 수가 있느냐. 우린 아들을 잃어버려서 애가 타는데 이렇게 사람을 죽여놓을 수가 있느냐."

어머니가 눈물 범벅돼서 그런 말을 했었어. 얼마나 속이 탔을 거야. 아들이 없어진 데다 남편까지 걷지 못할 정도로 맞고 들어왔으니. 그러다가 어머니도 없어진 거라. 며칠 지나도 어머니가 들어오지 않는 거야.

"아버지, 어머니 안 들어왐수다."
"아이고, 애야. 찾지 말라, 찾지 마."
"오빠 찾으러 간 어머니를 왜 찾지 않아요?"

아버지는 찾지 말라며 울어. 마을에는 낮에도 사람 소리가 전혀 없었지. 병정들만 카름(어귀)에 돌아다니고 동네 사람들은 보이질 않았어. 하루는 아침에 일어나 보니 사람들 소리가 막 나는 거라. 사거리 나갔더니 사람들이 죽어 있는 거야. 나는 사람들이 죽은 줄도 모르고 누워 있다고 했어.

"아버지, 저기 모래에 사람들 누워이십디다."
"아이고, 가지 말라고 했잖아. 네 어머니도 그렇게 죽었을 거야."

"어머니가 왜 죽어요?"

그런 일이 있고 며칠 지나자 이번에는 누군가가 우리 집에 불을 붙여버렸어. 아버지가 일어나지 못해서 내가 밖에 나가서 사람들한테 '우리집 불붙었다'고 말하다가 쓰러졌어. 기절했던 것 같아. 한참 지나 눈을 떠보니 안거리 큰 집은 불이 붙어 다 타버리고, 밖거리 부엌 붙은 집은 타다가 말았는지 절반은 타고 연기가 풍풍 나는 거야. 아버지는 부엌 옆 담벼락에 누워 있었고. 집이 불타 버린 다음에는 병정들도 없어졌어.

그해 동짓달 초사흗날 어머니가 돌아가셨어. 세화지서 수용소에 끌려가 있다가 거기서 죽은 거야. 그날 여러 명 죽었거든. 그때 언니는 형부하고 시동생과 함께 전라도 소안도로 물질을 간 때야. 시국이 이상해가니까 형부네가 객선 타고 간 거지. 형부네도 우리 마을에 살았거든.

다음 해 설 명절이 되어가자 그 사돈집에서 아버지와 나를 데리러 왔어. 내가 오죽할 거야? 머리는 완전 산발에다 옷도 겨우내 한 옷만 입고 지냈으니. 사돈 언니들이 나를 목욕시켜주려고 옷을 벗기는데 이가 달달달달 떨어지는 거야. 지금도 그 생각이 나.

언니네는 설 명절이 끝나서 왔어. 객선도 다니지 않을 때여서 그곳 사람을 빌어서 풍선 타고 두문포로 들어왔더라고. 와서 보니 기가 차잖아. 집은 불타버리고, 어머니는 돌아가시고, 남동생은 없고, 아버지와 나만 남으니 울다분다 했지. 언니가 어머니를 찾아다 묻었어. 하이고, 그 생각하면……

다랑쉬마을에는 열댓 가구 살았어. 집들 내버리고 소까이 가니까 밤에는 그 굴에서 나와서 쌀이나 먹을 거 주워 먹으면서 살다가 그렇게 된 거지. 바로 그 옆이야. 그 뒤에 자주 그 동네 다녀도 우리 오라버니가 있는 줄을 몰랐어. 아버지가 살아 계실 때 그렇게 애타게 찾았던 오빠였는데 말이야. 어떻게 알겠어?
그러다가 다랑쉬굴에서 유해가 나왔다고 하니 마음이 어떡하겠어. 우린 생각도 안 했었으니까. 어느 유해가 누구 건지 알 수 없잖아. 한꺼번에 화장해버리더라고.
우리 오빠는 어머니가 물질 가버리면 학교 갔다 와서 밥 차려주고 했던, 그런 자상한 오빠였거든. 난 몰라도, 오빠는 날 알고 있을 텐데……. 배 타고 나가 김녕리 바다에 유해를 뿌리면서 그런 생각을 했어. 오빠는 날 알아볼 텐데, 나는 오빠를 몰라서 어떡해야 하나 말이야. 너무 서러워서 눈물이 막 쏟아지더라.”

*

긴 터널의 끝. 다시 다랑쉬오름을 본다. 다랑쉬마을 부근 참대나무숲이 바람에 흔들린다. 빗소리처럼 바람이 훑고 지나가면 참대나무숲은 쇄아쇄아 목쉰 소리를 내며 이리 흔들리고 저리 흔들린다. 참대나무숲을 끼고 가는 길은 쥐 죽은 듯 조용하다. 다랑쉬오름 못 미처 차를 세워두고 오름들을 바라보았다.

비는 세차게 내리다 그치기를 반복했다. 이미 장마철에 접어들어 대지를 적신 비는 붉은 흙을 검붉게 만들었다. 송이 흙을 밟자 눈 위의 발자국처럼 뽀드득 소리를 내며 발자국을 만들었다. 유유를 즐기던 꿩 한 마리가 수확이 끝난 콩밭에서 퍼드득 날갯짓하며 날아간다. 여러 마리 멧비둘기도 뒤따른다. 지금 이 시간, 세상이 떠나가도록 내지르는 소리는 섬휘 파람새와 동박새가 간격을 두고 내는 울음소리, 참대나무숲이 비벼대며 내는 소리뿐이다.

잿빛 구름이 다랑쉬오름 위로 지나간다. 지미봉 쪽 하늘에는 비 온 뒤 잿빛 뭉게구름이 겹겹이 생겼다. 돌담 사이 참대나무숲에 들어가면 아무것도 보이지 않는다. 옆으로 누가 지나가도 알 수 없다. 새들이 끊임없이 지저귀는 소리가 귓가에 맴돈다.

참대나무숲 위의 뭉게구름이 무리 지어 천천히 북쪽으로 이동한다. 또다시 먹구름이 밀려온다. 밭의 경계용으로 쌓은 야트막한 돌담은 구멍이 숭숭 뚫려 있다. 바람길이다. 운명이라는 것도 그 바람길 따라 빠져나갈 수 있다면…….

이파리들이 벌레 먹어 너덜너덜해진 생달나무가 참대나무 위로 솟아 버팀목이 되고, 참대나무 밑동을 보호해주는지 돌담에 붙어 자란 푸릇푸릇한 제주장딸기도 바람에 흔들렸다. 이파리가 무성한 까마귀쪽나무가 이에 질세라 높이 자랐다.

나는 날줄 씨줄을 엮고, 큐브를 맞추는 것처럼 우연과 우연을 맞추며 그날들의 진실을 이리저리 꿰어갔다.

청년 채진규의 그해 겨울을 생각한다. 시대의 폭풍 속에 휘말린 채진규. 인생을 정리할 시기라며 초월한 듯하나 여전히 깊은 눈빛으로 먼 곳을 바라보던 그다. 평생 말 못할 트라우마를 안고 살았던 그다.

그해 겨울 치열한 삶을 살았던 또다른 청년 이명복을 떠올린다. 암흑의 바다를 건너 두 번 다시 이 땅에 돌아오지 않은 그다. 고향 사람이라면 도와주고 싶어 하고, 타국에서도 제주다움을 고집스럽게 지키려 했던 그의 마음속 깊은 어딘가에 간직했을, 그가 꿈꾸었던 세상을 생각한다.

불의를 보면 참을 수 없고, 해방된 땅에 누구나 통일 조국을 원했던 그들. 젊은 그들이 품었던 대의가 얼핏 눈앞에 나타났다 사라진다. 그들이 품었던 꿈은 진정 무엇이었을까. 나는 깊이를 알 수 없는 채진규의 눈빛만큼이나 말 못할 비밀을 간직한 그 시대의 섬사람들을 생각한다.

한라산 깊은 곳, 눈밭 위에서 얼마나 많은 이가 스러졌는가. 하얀 눈밭에 점점이 선혈이 뿌려졌다. 캄캄한 다랑쉬굴에서 비명 속에 사그라져간 이웃들. 바다에 떠밀면 빠져 죽고, 끌고 가면 끌려갈 수밖에 없던 이들. 굶주리고 헐벗은 채 추운 겨울 이리떼 같은 토벌대에 쫓기며 두려움에 떨었던 섬사람들. 그들을 떠올린다. 자식을 위해 온갖 고문을 감내해야 했던 이명복의 어머니를 생각하면 마음이 저리고 저린다. 오영수 선생의 부모와 어린 동생들은 또 어떤가. 그 장면을 떠올리다 이내 고개를 저었다.

빗줄기가 다시 거세졌다. 선명하게 보이던 지미봉도 어느덧 먹구름에 갇혔다. 다랑쉬굴이 있는 쪽으로 세찬 빗속을 걸었다. 참대나무숲은 떨었고, 푸른 수풀 위에는 먹구름이 가득 몰려왔다. 눈 덮인 한라산 자락 속에서, 눈이 내리고 비가 퍼붓는 한라산 계곡 어딘가에서 시린 발가락을 꿈틀거리며 온몸이 젖은 채 방황하며 숨소리조차 내지 않았던 이들을 그려본다. 그들의 이름을 불러본다.

바람은 숱한 이웃들이 잠든 대지 위를 서럽게 쓸고 간다.

려본다. 그들의 이름을 불러본다.

바람은 숱한 이웃들이 잠든 대지 위를 서럽게 쓸고 간다.

"기억은 책임이다. 기억은 우리가 다시 폭력의 시대를 허락하지 않기 위한 보루이다. 그것은 과거를 들춰내는 일이 아니라 불의를 외면하지 않겠다는 약속이다."

이 책을 둘러싼 날들의 풍경

한 권의 책이 어디에서 비롯되고, 어떻게 만들어지며,
이후 어떻게 독자들과 이야기를 만들어가는가에 대한 편집자의 기록

2024년 11월 18일. 혜화1117의 저자 한미화 선생님의 책 『유럽책방 문화탐구』 북토크가 제주에서 열리다. 편집자는 북토크 참석을 명분으로 삼아 동행하다. 2023년 저자 허호준 선생님과 만든 첫 책 『4·3, 19470301-19540921 기나긴 침묵 밖으로』가 나온 뒤 정작 제주에서 저자를 만난 일이 없다는 걸 자각한 편집자는 제주에서의 만남을 청하다. 편집자의 연락을 받은 저자는 흔쾌하게 동의하여 아주 늦은 출판 뒤풀이가 이 책의 본토라 할 수 있는 제주에서 열리다. 이 자리에는 저자와 제주에서 활동하는 허영선 시인과 한미화 선생과 편집자가 참석하여 제주의 산해진미를 앞에 두고 즐겁고 뜻깊은 시간을 나누다. 이 자리에서 저자는 '제주4·3평화문학상'에 접수할 논픽션 원고를 집필하고 있다는 근황을 전하다. 편집자는 원고 완성 이후 검토할 기회를 요청하다. 내심 편집자는 평생 신문기자로, 기사를 써온 저자가 문학상에 도전한다는 사실을 의아하게 여기다.

2024년 12월 20일. 저자로부터 초고 원고를 받다. 아직 완성 전이라는 전제를 감안하여 간단히 검토만 하려고 했으나, 끝까지 집중하여 일별하다. 원고의 출발선이기도 한 다랑쉬굴 유해 발굴 관련 기사를 다시 한 번 찾아보고 그 일이 4·3의 역사에 어떤 의미를 갖는가에 대해 인식을 정리하다. 출간의 시기는 저자가 이 원고로 '제주4·3평화문학상'에 지원하기로 했으니 이후 상황을 좀 더 지켜보기로 하다.

2025년 3월 25일. 저자의 원고가 제13회 4·3평화문학상 논픽션 부문에 당선작으로 선정되다. 소식을 들은 편집자는 저자에게 축하 인사를 건네는 한편으로 선정작에 대한 출판 조건 확인을 요청하다. 선정 기관에서 출판의 권한을 가지는 사례를 알고 있던 터라 출판을 못할 수도 있겠다는 생각을 하다. 최종 원고를 건네받다.

2025년 4월 3일. 문재인 전 대통령 님의 책방으로 널리 알려진 평산책방에

서 저자의 북토크가 열리다. 1989년 입사한 이래 줄곧 기자로 지내온 저자가 2025년 4월 30일 현역에서 물러나는 때를 앞두고 이루어진 북토크라는 점에서 편집자는 직업인으로서 아름다운 마무리를 하게 된 저자의 삶에 경의를 표하다. 이 자리에서 만난 저자와 '제주4·3평화문학상' 선정작에 대해 이야기를 나누다.

2025년 5월 29일. 저자로부터 출판사 선정을 비롯해 이후 출판 관련 과정에 대해 저자가 모든 권한을 가지고 있음을 확인 받다. 선정 이후 1년 이내 출간하는 조건 이외에 다른 전제가 없음을 확인하다. 편집자는 현재 원고에서 보완할 부분을 점검한 뒤 수정을 거쳐 원고를 준비해 2026년 4월 3일에 맞춰 출간하기로 하다.

2025년 9월 3일. 하루 전날, 저자로부터 서울에 다니러 올 예정이라는 연락을 받다. 편집자는 다른 책의 신간 미팅을 위해 '예스24' 담당 엠디를 만나러 가기 전 시간을 맞춰 만나기로 하다. 오후 2시, 저자와 여의도 일신빌딩 스타벅스에서 잠깐 만나 차 한 잔을 나누다. 이 자리에서 '제주4·3평화문학상' 선정작인 「폭풍 속으로」의 보완 일정에 관해 이야기를 나누다. 여기에 더해 저자는 4·3에 관한 아카이브 작업을 진행하고 있으며, 책으로 만들기 위한 편집자의 의견을 구하다. 편집자는 책의 구성 및 방향에 대한 의견을 전하고, 나아가 이왕 「폭풍 속으로」를 출간하기로 했으니, 이 책과 함께 두 권을 함께 내는 방안을 제안하다. 저자는 생각을 해보겠노라, 고 말하다.

2025년 10월 23일. 서울에 다니러 온 저자와 오후 2시, 편집자의 단골카페 광화문 나무사이로에서 만나다. 두 권 동시 출간에 대한 저자의 결심을 확인하고, 계약서를 작성하다. 평생 마감을 지켜온 저자는 연말까지는 꼭 원고를 다 정리하겠노라고 다짐하다. 아울러 「폭풍 속으로」의 편집 일정에 관해 구체적으로 의논하고, 표지에 쓸 후보 사진을 몇 장 펼쳐보며 이야기를 나누다.

2025년 10월 24일. 제주로 돌아간 저자로부터 6장의 표지 후보 사진을 받았으나, 이것이구나 하는 사진을 만나지는 못하다. 그러나 하나같이 다 아름다우면서도 몇 개의 레이어가 깔린 듯한, 보는 사람으로 하여금 이야기를 떠올리게 하는 사진을 넘겨보며 편집자는 저자의 컴퓨터 하드에 도대체 얼마나 많은 사진이 들어 있을까, 통째로 들어가 보고 싶다는 호기심 천국에 빠지다. 한편으로 편집자는 디자이너 김명선에게 본문 레이아웃을 의뢰하다.

이 책을 둘러싼 날들의 풍경
·

2025년 11월. 원고의 점검을 모두 마무리한 뒤 저자에게 확인을 요청하다. 보완 및 수정할 부분에 대한 구체적인 의견을 전하다. 그 부분에 대한 저자의 검토를 거쳐 최종 원고를 확정하다. 저자로부터 표지 후보 사진을 몇 장 더 전달받다. 편집자의 마음에 드는 사진을 드디어 발견하다. 그러나 저자는 아직 더 찾아보겠노라, 말하다. 레이아웃을 확정하고 초교용 조판을 완료하다. 초교를 시작하다.

2025년 12월. 편집자의 초교 및 재교 교정이 끝나고, 저자의 교정도 마무리하다. 책의 제목은 몇 개의 방향과 후보를 놓고 여러 차례 논의를 거듭한 끝에 '4·3, 기억의 폭풍 속으로'로 정하고 부제는 다시 또 몇 개의 안을 놓고 차차 결정하기로 하다. 저자는 날이 좋으면 좋은 날, 날이 흐리면 흐린 날, 눈이 내리면 눈이 내리는 날, 표지에 사용할 사진을 '얻기' 위해 수시로 사진을 다시 찍고, 그 가운데 마음에 드는 사진을 보내오다. 그때마다 편집자는 이건 이래서, 저건 저래서 아쉽다를 비롯해 감을 놔라, 배를 놔라, 다종다양한 토를 연달아 다는 행태를 보이다.

2026년 1월. 특별한 경우가 아니면 책에 홍보용 문구를 담은 띠지를 두르지 않아온 편집자는 이번 책은 『4·3, 19470301-19540921 기나긴 침묵 밖으로』의 저자의 신작임을 독자들에게 직접 알릴 필요가 있을 듯하여 표지 디자인에 띠지를 구성하여 정리하다. 그렇게 정리한 표지의 시안을 정해 저자에게 보내다. 편집자는 저자가 보내온 숱한 사진들을 표지로 다 쓸 수는 없다는 사실을 아쉽게 여기다. 그렇다고 이대로 저자의 컴퓨터 안에 넣어두기는 아깝다고 여기다. 하여, 본문에 따로 화보를 꾸려 텍스트의 감동에 더해 더 많은 이야기를 독자로 하여금 느끼게 하고 싶다고 여기다. 저자에게 이런 의향을 전하고 화보용으로 다시 사진을 정리해보겠노라 말하다. 표지의 시안을 받은 저자로부터 책의 추천사를 『아버지의 해방일지』를 쓴 정지아 작가에게 받기로 했다는 소식을 전해 듣다. 정지아 작가의 『아버지의 해방일지』는 물론 최근 그의 또다른 책 『나의 아름다운 날들』을 읽으며 몇 번이나 눈물을 훔쳤던 편집자는 크게 반가웠으나, 너무 속을 보이고 싶지는 않아서 그래주시면 감사하지요, 라고 짐짓 톤다운한 반응을 건네다.

2026년 2월. 헤아릴 수 없이 많은 논의와 선택과 결정이 이메일과 카카오톡과 전화로 이어지다. 그 과정을 통해 표지가 확정이 되고, 텍스트의 매우 정교한 수정이 이어지고, 화보의 구성이 마무리되다. '가장 좋은' 것으로 표지를 만들고 싶다는 저자의 바람은 이후로도 계속해서 '표지용 사진'을 촬영하게 했고, 그 가운데 몇 장으로 시안을 거듭해서 만들어보았으나 결국 가장 먼저 낙점한 표지로 결정을 하다. 추위에 언 손을 비벼가며 눈 내리는 정취를 사진에 담기 위해 공을 들인 저자의 노력을 떠올리며, 장엄한 한라산의 설경이 주는 압도적인 느낌을 진지하게 살피며 편집자는 선택이란 하나를 얻는 것이 아니라 하나를 제외한 나머지를 지우는 것임을 새삼 생각하다. 표지용으로 채택하지는 않았으나 독자들에게 제주의 아름다움과 처절한 아픔을 동시에 느낄 수 있는, 4·3에 대한 기억이 드리워진 곳곳의 자취에 더욱 공감할 수 있는 매개가 되기를 바라는 마음으로 애초 예정했던 것보다 컬러 화보의 페이지 수를 늘려 싣기로 하다. 정지아 작가로부터 추천사를 전해 받다. 긴 텍스트를 읽으며 띠지용 카피로 쓸 문장 두 개가 눈에 확, 들어오다. 역시!, 하고 느낌표 몇 개를 붙여 저자에게 반가운 마음을 전하다. 원래 정리했던 뒤표지 글을 모두 삭제하고 추천사 전문을 싣고 눈에 들어온 두 개의 문장 중 하나를 골라 띠지 디자인에 반영하다. 양장본 제작에 걸리는 시간을 계산할 때, 4월 3일 전에 출간해야만 홍보를 적극적으로 할 수 있다는 걸 감안할 때 2월 말에는 모든 작업을 마무리해야 하는 상황을 가늠하다. 때는 바야흐로 설 연휴가 다가오고, 그 전에 거의 모든 작업을 마쳐야만 최종 점검 후 마무리가 가능한 일정을 염두에 둔 편집자의 마음이 바빠지다. 그러나 일의 높은 난이도에도 불구하고 과정은 순조롭게 잘 이어져 예정한 대로 모든 작업을 마무리하다. 표지 및 본문 디자인은 김명선이, 제작 관리는 제이오에서 (인쇄 : 민언프린텍, 제본 : 소노마엠지, 용지 : 표지 및 띠지 스노우120그램, 본문 : 그린라이트 100그램, 컬러 화보 미색모조 95그램, 면지 화인페이퍼 110그램), 기획 및 편집은 이현화가 맡다

2026년 4월 3일. 혜화1117의 서른여섯 번째 책, 『4·3, 기억의 폭풍 속으로— 같은 시대를 겪은 두 사람의 삶에 관하여』가 출간되다. 저자의 또다른 책 『4·3, 아카이브로 본 역사—100개의 장면으로 마주하는 그날들』과 동시 출간하다. 이로써 저자와 4·3에 관한 세 권의 책을 만들어 세상에 내놓게 되다. 이후의 기록은 2쇄 이후 추가하기로 하다.

4·3, 기억의 폭풍 속으로

2026년 4월 3일 초판 1쇄 발행

지은이 허호준
펴낸이 이현화
펴낸곳 혜화1117 **출판등록** 2018년 4월 5일 제2018-000042호
주소 (03068)서울시 종로구 혜화로11가길 17(명륜1가)
전화 02 733 9276 **팩스** 02 6280 9276 **전자우편** ehyehwa1117@gmail.com
블로그 blog.naver.com/hyehwa11-17 **페이스북** /ehyehwa1117 **인스타그램** /hyehwa1117
네이버 스마트 스토어 https://smartstore.naver.com/hyehwa1117

ⓒ 허호준

ISBN 979-11-91133-39-4 03910

이 책에 실린 모든 내용의 무단 전재와 복제를 금합니다. 이 책의 전부 또는 일부를 재사용하려면
반드시 서면을 통해 저자와 출판사 양측의 동의를 받아야 합니다.

책값은 뒤표지에 있습니다.

잘못된 책은 구입하신 곳에서 바꿀 수 있습니다.

4·3, 19470301-19540921 - 기나긴 침묵 밖으로

허호준 지음 · 양장본 · 컬러 화보 수록 · 400쪽 · 값 23,000원

∗ 전자책 ∗ 큰글자도서

"제주 4·3을 제대로 알려면 안성맞춤인 책"

"이 책을 읽고 제주를 오갈 때 여전히 남아 있는 그 흔적들을
잠시라도 떠올려준다면 4·3의 희생자들과 제주도민들에게
큰 위로가 될 것입니다." _문재인, 대한민국 제19대 대통령 추천의 글 중에서